纪念季羡林诞辰107周年
/
（珍藏版）

季羡林作品集

跟／季羡林
学国学

纪念季羡林诞辰107周年
／
（珍藏版）

民主与建设出版社
·北京·

© 民主与建设出版社，2018

图书在版编目（CIP）数据

跟季羡林学国学 / 季羡林著 . —北京：民主与建设出版社，2018.8
ISBN 978-7-5139-2244-9

Ⅰ.①跟… Ⅱ.①季… Ⅲ.①国学－文集 Ⅳ.①Z126.27-53

中国版本图书馆 CIP 数据核字（2018）第 174609 号

跟季羡林学国学
GEN JIXIANLIN XUE GUOXUE

出版人	李声笑
责任编辑	刘 芳
封面设计	张 珺
出版发行	民主与建设出版社有限责任公司
电　话	（010）59417747　59419778
社　址	北京市海淀区西三环中路 10 号望海楼 E 座 7 层
邮　编	100142
印　刷	三河市祥宏印务有限公司
版　次	2018 年 10 月第 1 版
印　次	2018 年 10 月第 1 次印刷
开　本	787 毫米 ×1092 毫米　1/16
印　张	17 印张
字　数	152 千字
书　号	ISBN 978-7-5139-2244-9
定　价	39.80 元

注：如有印、装质量问题，请与出版社联系。

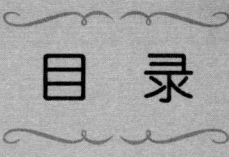

第一辑 何谓中国精神？

光彩的文明 / 2

谈中国精神 / 5

略说中国传统文化及其特点 / 9

走向天人合一 / 15

"天人合一"新解 / 18

关于"天人合一"思想的再思考 / 39

从宏观上看中国文化 / 66

中国文化发展战略问题 / 87

漫谈文学作品的阶级性、时代性和民族性 / 131

中国的民族性 / 134

传统文化与现代化 / 137

精华与糟粕 / 142

第二辑　国学六讲

国学漫谈 / 146

谈礼貌 / 152

谈中国书法 / 155

成语和典故 / 159

我和东坡词 / 162

第三辑　西方与中国文化

拿来和送去 / 168

"拿来主义"和"送去主义" / 171

我们要奉行"送去主义" / 173

谈文学交流 / 177

谈西学东传 / 183

西化问题的侧面观 / 187

漫谈出国 / 196

汉语和外语 / 198

中餐与西餐 / 226

从哲学高度来看中餐与西餐 / 229

第四辑　大学与"学统"

论书院 / 234

我看北大 / 252

我和北大 / 257

我对未来教育的几点希望 / 263

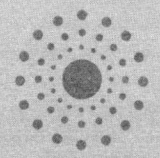

第一辑 何谓中国精神?

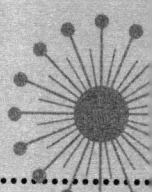

光彩的文明

最近几年来，我提倡一种"送去主义"，意思是，我们祖先发明的许多好东西，比如造纸、印刷、火药、罗盘等等，早被外国人"拿去"了。今天我们仍然有许多好东西。但是，西方人自产业革命以后以"天之骄子"自居，受过我们的恩惠一事，他们早已忘到九霄云外去了，认为我们什么都不行，这些好东西他们也不来拿。中国的饭菜，他们觉得味道还不错，忙不迭地拿去了。我们的文学作品，特别是现当代的，他们却不大肯垂青。我个人觉得，这现象并不正常。外国文学作品译为汉文，帮助了我们新文学的成长与发展，我们的文学进入了"世界文学"的范围，与国际接上了轨。今天我们的文学也能帮助国外文学的繁荣与发展，投桃报李，他们不来拿，我们只有"送去"，这就是我的"送去主义"。

幸而外国的文艺界不全是"排华派"。他们出于不尽相同的考虑与动机，有时候也重视一下中国现当代的文学作品，认为优秀的，也授予文学奖。现在这一套丛书就是中国作家获得外国文学奖作品的集成。这些作家可以说是为我们伟大祖国增了光，为中外文化交流作出了突出的贡献，为促进中外人民的理解与友谊立了大功。我们由衷地对他们表示敬佩，并诚挚希望中国有更多的作家能够获得外国的奖，多多益善。

外国给中国作家颁奖这一事实，按照我上面的说法，可以说是外国的"拿来主义"。而在中国方面来说，则是"送去主义"。总之，可以说是"拿来"与"送去"相结合的行动。我也希望这样的行动能够继续不断，多多益善。

我在这里想作一个重要的补充说明。获得外国文学奖的中国作家和他们的作品是优秀的，这一点我在上面已经谈过，不必再赘述。那些没有获得外国文学奖的中国作家和作品怎样呢？这些作家的数目大大地超过前者，在这些作家中有鲁迅、茅盾、沈从文、老舍、曹禺，等等。谁能说这些作家的作品不优秀呢？因此，我们可以说，不管外国文学奖意义有多么重大，它仅仅是对一个中国作家进行评论时的参照系，不能是主要的标准，更不能是唯一的标准。这一点，我想大家是能够同意的。至于赫赫有名的诺贝尔文学奖，国内有很多的膜拜者。但我有自己的看法。我曾写过一篇文章，刊登在《外语教学与研究》杂志上，读者如有兴趣，请参阅。我认为，对中国文艺界来说，诺贝尔文学奖只能起到一个反面教员的作用。

中国是世界第一人口大国，又是一个发展中国家，一个社会主义国家，由于一些原因，我们的潜力还没能充分发挥出来。如今之计，我国人民，其中当然也包括我们的作家，应当自强不息，建立信心，不排外，也不崇外，埋头苦干，争分夺秒，我们的国家总会强盛起来的。外国某一些领导人和老百姓，既患了红眼病，又患了白眼病。红眼的就让他们红下去吧，白眼的终会垂下青来的。至于我们作家在下一个世纪能起什么作用，常言道："真金不怕火炼。"只要我们努力不辍，我们文学的光彩终会照亮全世界的。

1999年7月22日

（本文为《中国作家国外获奖丛书》序，编选时做了删选）

谈中国精神

郑州社科联的青年学者窦志力同志,冒着北国的寒风,不远千里,从郑州来到北京,把自己的新著《中国精神》这一部长达四十万言的著作送到我手中,并且让我写一篇序。说句老实话,我现在以望九之年被文债压得喘不过气来,原打算立即婉言谢绝的。但是,一想到这个书名:中国精神,我立刻想到中国诗圣杜甫的四句诗:"好雨知时节,当春乃发生,随风潜入夜,润物细无声。"正当我们全国人民群策群力,意气风发,锐意弘扬和创造我们的精神文明时,这一部书难道不是一场"当春乃发生"的"及时雨"吗?

再说句老实话,我现在实在挤不出时间细读这样一部巨著。我只能大体翻看一下,看看全书的目录和结构,找出我自己认为必读的几个章节,细读了一番,其余的只能望一望它而已,我决不冒充我曾读过全书。

就我翻阅所及,我觉得这是一部好书。有资料,有分析,有见解,有论断,而且有一些见解很精辟,发前人之所未发。虽然我不敢说,对他的意见我全部同意;但是我却不能不佩服这位青年学者思想之敏锐,对中国精神分析之细致。有的话切中时弊,发人深省。这些都是作者近几年来奋发努力、锲而不舍的结果,我应该向他祝贺。

我对中国精神,或者笼统说东方文化,没有多么深的研究。由于自己好胡思乱想,所以也悟出了一些道理,不敢敝帚自珍,曾写过一些文章,得到的反响总起来说是积极的。但自知是"野狐谈禅",并不敢沾沾自喜。

我同作者的意见有的是一致的,有的是近似的。比如,他从五个方面来概括中华民族的基本精神:爱国爱民的献身精神,勤劳智巧的创业精神,忠诚无畏的勇敢精神,仁爱孝敬的重德精神,追求光明进步的革命精神。对他这样的概括,我是同意的。

鲁迅先生的《且介亭杂文》中有一篇文章叫《中国人失掉自信力了吗?》。他在文章中写道:"我们从古以来,就有埋头苦干的人,有拼命硬干的人,有为民请命的人,有舍身求法的人……虽是等于为帝王将相作家谱的所谓'正史',也往往掩不住他们的光耀,这就是中国的脊梁。"鲁迅先生这一段话,同窦志力同志在上面列举的五条对比一下,可以发现许多共同的东西。

多少年以来,总有一个问题萦回在我的心中:什么是中华民族最优秀的传统？几经思考的结果，我认为是爱国主义。我们是唯物主义者，不能说，中国人天生就是爱国的。存在决定意识，必须有一个促成爱国主义的环境，我们才能有根深蒂固的爱国主义。只要看一看我们几千年的历史，这样的环境立即呈现在我们眼前。在几千年的历史中，我们始终没有断过敌人，东西南北，四面都有。虽然有的当年的敌人今天可能已融入中华民族之中；但是在当年，他们只能算是敌人。我们决不能把古代史现代化，否则我们的苏武、岳飞、文天祥等等一大批著名的爱国者，就都被剥去了爱国的光环，成为内战的牺牲者。

但是，爱国主义并不一定都是好东西。我认为，我们必须严格区分正义的爱国主义和邪恶的爱国主义。在过去的历史上我们中国基本上一直是受侵略、受压迫、受杀害的，因此我们的爱国主义是正义的。而像日本军国主义者和德国法西斯，手上涂满了别国人民的鲜血，而口中却狂呼爱国，这样的爱国主义难道还不是最邪恶的吗？这样的爱国主义连他们本国的人民也是应该挺身而出痛加挞伐的。今天，我们虽然已经翻了身，享受了独立自由的生活；但是心怀叵测的一些列强仍在觊觎敌视。因此，我们仍然要努力发扬正义的爱国主义精神，这是我们神圣的职责。

现在我们已经改革开放，正处在市场经济的大潮中，正处在一个重要的转型期中，我们仍然要弘扬中国文化中国精神的精髓，这一点我在上面已经谈过了。但是我们的中国精神和以中国文化为核心的东方文化，其作用就仅仅限于中国和东方吗？否，否，绝不是的。自工业革命以后，几百年来，西方列强挟其分析的思维模式，征服自然，为人类创造了空前辉煌的文化，世界各国人民皆蒙其利。然而到了今天，众多弊端都显露了出来，举其荦荦大者就是环境污染、生态平衡破坏、新疾病产生、臭氧层出洞，等等。如果其中一项我们无法遏止，人类前途就处在危险之中。有没有拯救的办法呢？有的，"三十年河东，三十年河西"，西方不亮东方亮，唯一的一条拯救之路就是以东方综合思维模式来济西方之穷，在过去已有的基础上改弦更张，人类庶几有被拯救的可能，这就是我的结论。

给别人的书写序而侈谈自己的主张，似乎不妥。但我并不认为是这样的。我这样写不过表示我们"心有灵犀一点通"而已。

1996年12月10日

（本文原为《中国精神》序言）

略说中国传统文化及其特点

说在中国传统文化的宝库中,中国传统道德是最重要的一部分内容,这话完全正确。因为从世界各国来看,像中国这样几千年如一日重视伦理道德的还没有第二个国家。什么叫做中国传统道德?或者说中国传统道德有哪些内容呢?这个问题很复杂,每个人的回答都可能不一样。我讲讲自己的看法,我想这里面起码应包括这么几部分内容。

第一,正如我的老师——清华大学陈寅恪教授曾经说过的,《白虎通》当中的三纲六纪是中国文化的精华。什么叫三纲呢?就是君臣、父子、夫妇。他讲的当然是君为臣纲,父为子纲,夫为妻纲。这里边有糟粕,如夫妻应该是平等的,怎么男人成了女人的纲了呢?这个我们先不讲它。六纪,一是诸父,就是父亲的兄弟姊妹;二是兄弟;三是族人;四是诸舅,就是母亲家的人;五是师长;六是朋友。他说,这三纲六纪是中国文化的中心,我看他的话很有道理。因为人类自有社会以来,必然要有一种规则来维系,不然的话社会就会乱七八糟。现在马路上为什么要有交通警？为什么要有红绿灯？这就是一种规则，一种规章制度，要求大家都来遵守，这样社会生活才能进行。要是没有这些规则，社会生活就不能进行。《白虎通》的三纲六纪，把当时社会所有的人际关系都规定了。

第二，我们的文化还有一个提法，是我们的特点，就是"格、致、正、诚、修、齐、治、平"。意思就是格物、致知、正心、诚意、修身、齐家、治国、平天下八个步骤。先从自己开始格物，就是了解事物，了解以后致知，把规律找出来，正心、诚意就不用讲了，修身就是修自己，然后齐家，把家治好，然后再治国，治国以后是平天下。就是从个人内心一直到天下。那么，什么叫国，什么叫天下呢？在周代来讲，像齐国、燕国、郑国等国是国，天下则指整个周代的中国。现在像中国、日本叫国，天下就是世界。个人要从内心出发，正心、诚意，一直推到治国、平天下。这套系统的步骤，属于伦理道德范畴，也属于政治范畴，是其他任何国家所没有的。

第三，"礼义廉耻，国之四维"。就是说，礼义廉耻是国家的四个支柱。除了这个提法外，古人还提出了"孝悌忠信，礼义廉耻"等说法，意思都差不多。

上述三个方面是古代伦理道德最先最主要的内容。懂得了这三个方面的内容，大体就了解了中国伦理道德最基本的内容。我们的道德伦理又全面又有体系，其他的内容当然就多了，需要写一部中国伦理学史来阐述。

中国传统道德是中国传统文化当中最精华的内容，它在世界人类文明遗产中的特殊性非常之明显。为什么这么说呢？因为世界上任何国家，从古希腊一直到古印度，尽管每个国家都有自己的道德规范，每个民族都有自己的道德规范，可是内容这么全面、年代这么久远、涉及面这么广泛的道德规范，在全世界来看，中国是唯一的。现在中国周围这些国家，像日本、韩国、越南等，有一个名词叫汉文化圈，属于汉文化圈的国家基本上都受我国的影响。

我们一向讲中国是四大文明古国之一。现在我们的考古发现越多，就越证明我们的历史长久。比如，连尧、舜、禹、汤的禹都有怀疑是不是确有其人，现在已经证明了有禹这个人。随着考古学的不断进步，我估计将来考古发现不但有夏、有禹，一定还会有更古的尧、舜，还要往上发展。总而言之，我的看法是考古发现越多，我们的历史越长。这是从形成的历史时间看。

那么从具体内容上看，我们民族的特点就更明显了。比如"孝"这个概念，"三纲五常"里面都有。除了中国以外，全世界各国都没有这么具体。何以证之呢？可以看一看欧洲现在社会的情况跟我们作比较。当然现在青年人也不像以前那样愚忠愚孝，"割肉疗母"我们也不提倡，可是就拿眼前来讲，我们中国的青年人还比世界各国的要孝得多，虽然程度不如以前了。我是研究语言的，有件事很有意思：把"孝"这个词翻译为英语，用一个词翻译不出来，得用两个词。什么原因呢？因为虽然不能说外国没有孝，但是孝并非作为一个很重要的概念，所以译过去就得用两个词。英文里面两个什么词呢？就是儿女的"虔诚"与"尊敬"，而在中文中，光一个"孝"就够了。这就说明"孝"这个词有中国的特点。

我认为中国伦理道德中有两点值得提倡，第一点是讲气节、骨气。一个人要有骨头。我们现在不是还讲解放军硬骨头六连吗？文章也讲风骨。骨头本来是讲一种生理的东西，用到人身上，就是指人要讲气节。孟子就讲"富贵不能淫，贫贱不能移，威武不能屈，此之谓大丈夫"。富贵我们也不怕，贫贱我们也不怕，威武我们也不怕，这在别的国家是没有的。就是说作为一个人，我有我的人格，顶天立地，不管你多大的官，多么有钱，你做得不对我照样不买你的账。例子很多。《三国演义》里有个祢衡敢骂曹操，不怕他能杀人。近代的章太炎，他就敢在袁世凯住进中南海称帝时，到中南海新华门前骂袁称帝。这种骨气别的国家也不提倡。"骨气"这个词也不好译，翻成英文也得用两个词：道德的"反抗的力量"或者"不屈不挠的力量"，我们用一个"气节"、"骨气",多么简洁明了。我们中国的小说中,随便看看,都有像祢衡这样的人。我们为什么崇拜包公?就是因为他威武不能屈。皇帝掌握生杀大权,但皇帝做错了包公照样不买账;达官显贵虽然有钱有势,包公也照样不买账。这种品行外国是不提倡的。

我常对年轻人讲,不仅在国内要有人格,不能一见钱就什么都不讲了,出国也要有国格,不能忘记自己是中国人,不能忘记国格。

第二点是爱国主义。世界上真正提倡爱国主义的是中国。比如,苏武北海牧羊而气节不改的故事,连小孩都知道。写《满江红》的抗金英雄岳飞,他的爱国精神更是历代传诵,后人在杭州西湖边专给他盖了一座庙。又如文天祥,谁都知道他的名言"人生自古谁无死,留取丹心照汗青",全国都有他的祠堂。近代、现代的爱国英雄也多得很,如抗日战争中的张自忠、佟麟阁等等。

当然,我们讲爱国主义要分场合,例如,抗日战争里,我们中国喊爱国主义是好词,因为我们是正义的,是被侵略、被压迫的。压迫别人、侵略别人、屠杀别人的"爱国主义"是假的,是军国主义、法西斯。所以我们讲爱国主义要讲两点:一是我们决不侵略别人,二是我们决不让别人侵略。这样爱国主义就与国际主义、与气节联系上了。

关于中国传统道德在世界文明史中的地位问题,我想最好先举例来说明。大家都知道《歌德谈话录》这本书,在1827年1月30日歌德与埃克曼的谈话录中,歌德说,我今天看了一本中国的书,《好逑传》。中国人了不起,在中国人眼中,人跟宇宙合二为一,(这是我这几年宣传的人与大自然和谐),男女谈情说爱,相互彬彬有礼,那么和谐、和睦,这个境界我们西方没有。可以说,《好逑传》在中国文学史上最多与《今古奇观》处在一个水平上,甚至中国文学史也不会写它。可是传到欧洲,当时欧洲文化的第一代表人歌德却大加赞美,但他是有根据的。虽然我国这类才子佳人题材的小说有些理想化,像《西厢记》,但是在当时的西方文化泰斗看来,起码中国作者心中的境界是很高的。歌德指出的这一点不是很值得我们回味吗?

我认为,从世界文化的发展趋向看,中国文化包括中国道德的精华,在21世纪的将来,会在人类精神文明的发展中,发挥更重要的作用。这是我所期望的。

走向天人合一

人类自从成为人类以来，最重要的是要处理好三个关系：一、人与自然的关系；二、人与人的关系，也就是社会关系；三、个人内心思想、感情的平衡与不平衡的关系。其中尤以第一个关系为最重要，而且就目前现状看来，是迫在眉睫的问题。

人之所赖以生存的衣食住行等无不是取自大自然，关键问题是取之有方。在这里，东西双方至少在思想上是不相同的。西方采取的是强硬的手段，要"征服自然"；而东方则主张采用和平的友好的手段，也就是"天人合一"。要先与自然做朋友，然后再伸手向自然索取人类生存所需要的一切。宋代大哲学家张载说："民，吾同胞，物，吾与也"，最鲜明地表达了这种思想。

东西方手段之所以不同，我个人认为，其基础是思维模式的差异。西方主分析，以中国文化为代表的东方主综合。西方自古希腊以来，以分析的方法对待自然。到了近代产业革命，达到了登峰造极的地步，其结果是人所共睹的。他们取得了辉煌的成就，上天入地，腾空泛海，生光电化，无所不及，一直发展到核能开发、宇宙卫星等等，全世界人民无不蒙受其利。这一点是无法否认的，这是他们"征服自然"的结果。然而自然虽无人格或神格，如孔子说："天何言哉！四时行焉，百物生焉，天何言哉！"然而它却是能报复的，能惩罚的。西方滥用科技产生的弊端至今已日益显著，比如大气污染、环境污染、生态平衡破坏、臭氧层破坏、新疾病丛生、自然资源匮乏、人口爆炸，如此等等，不一而足。这些弊端，如果其中的任何一个得不到控制，则人类前途实处危境。

这些弊端已经引起了全世界有识之士的深切关注。怎么办呢？我的看法是：人类必须悬崖勒马，正视弊端，痛改"征服自然"的思想，采用东方的"天人合一"的思想。这样一来，庶几乎可以改变这种危险局面。我把我这种想法称为"东西文化互补论"。

现在我们不但正处在一个世纪末，而且是一个千纪末。世纪末与千纪末和年不同，年是自然现象，而世纪千纪则是人为现象。如果没有耶稣，哪来什么世纪千纪？但是人一旦承认了这种人为的东西，它似乎就能起作用。19世纪的世纪末以及眼前的世纪末，整个世界在政治和意识形态领域内，都出现了一些不寻常的现象，理不应如此，事却竟然如此，个中原因值得参悟。

我们人类是有理智有感情的，借这个世纪末的契机，回顾一下，前瞻一下，让脑筋清醒一下，是有好处的。何况我们回顾与前瞻的问题是关系到人类前途的问题，切不可掉以轻心，等闲视之。这样做不但是一般人的任务，有远见卓识的政治家们更应如此。

1997年3月22日

"天人合一"新解

"天人合一"是中国哲学史上的一个非常重要的命题。中外治中国哲学史的学者,哪一个也回避不开。但是,对这个命题的理解、解释和阐述,却相当分歧。学者间理解的深度和广度、理解的角度,也不尽相同。这是很自然的,几乎没有哪一个哲学史上的命题的解释是完全一致的。

我在下面先简略地谈一谈这个命题的来源,然后介绍一下几个有影响的学者对这个命题的解释,最后提出我自己的看法,也可以说是"新解"吧。对于哲学,其中也包括中国哲学,我即使不是一个完全的门外汉,最多也只能说是一个站在哲学门外向里面望了几眼的好奇者。但是,天底下的事情往往非常奇怪,真正的内行"司空见惯浑无事",对一些最常谈的问题习以为常,熟视无睹,而外行人则怀着一种难免幼稚但却淳朴无所蔽的新鲜的感觉,看出一些门道来。这个现象在心理学上很容易解释,在人类生活和科学研究中,并不稀见。我希望,我就是这样的外行人。

我先介绍一下这个命题的来源和含义。

什么叫"天人合一"呢?"人",容易解释,就是我们这一些芸芸众生的凡人。"天",却有点困难,因为"天"字本身含义就有点模糊。在中国古代哲学家笔下,天有时候似乎指的是一个有意志的上帝,这一点非常稀见。有时候似乎指的是物质的天,与地相对。有时候似乎指的是有智力有意志的自然。我没有哲学家精细的头脑,我把"天"简化为大家都能理解的大自然。我相信这八九不离十,离真理不会有十万八千里。这对说明问题也比较方便。中国古代的许多大哲学家,使用"天"这个字,自己往往也有矛盾,甚至前后抵触。这一点学哲学史的人恐怕都是知道的,用不着细说。

谈到"天人合一"这个命题的来源,大多数学者一般的解释都是说源于儒家的思孟学派。我觉得这是一个相当狭隘的理解。《中华思想大辞典》说:"主张'天人合一',强调天与人的和谐一致是中国古代哲学的主要基调。"这是很有见地的话,这是比较广义的理解,是符合实际情况的。我现在就根据这个理解来谈一谈这个命题的来源,意思就是,不限于思孟,也不限于儒家。我先补充上一句:这个代表中国古代哲学主要基调的思想,是一个非常伟大的、含义异常深远的思想。

为了方便起见,我还是先从儒家思想介绍起。《周易·乾卦·文言》说："'大人'者与天地合其德，与日月合其明，与四时合其序，与鬼神合吉凶，先天而天弗违，后天而奉天时。"这里讲的就是"天人合一"的思想，这是人生的最高的理想境界。

孔子对天的看法有点矛盾。他时而认为天是自然的，天不言而四时行，而万物生。他时而又认为，人之生死富贵皆决定于天，他不把天视作有意志的人格神。

子思对于天人的看法，可以《中庸》为代表。《中庸》说："能尽人之性，则能尽物之性；能尽物之性，则可以赞天地之化育，则可以与天地参矣。"

孟子对天人的看法基本上继承了子思的衣钵。《孟子·万章上》说："莫之为而为者，天也；莫之致而致者，命也。"天命是人力做不到达不到而最后又能使其成功的力量，是人力之外的决定力量。孟子并不认为天是神；人们只要能尽心养性，就能够认识天。《孟子·尽心上》说："尽其心者，知其性也；知其性则知天矣。"到了汉代，汉武帝独尊儒术。董仲舒是当时儒家的代表。是他认真明确地提出了"天人之际，合而为一"的思想。《春秋繁露·人副天数》中说："人有三百六十节，偶天之数也；形体骨肉，偶地之数也；上有耳目聪明，日月之象也；体有空窍理脉，谷川之象也。"《阴阳义》中说："天亦有喜怒之气，哀乐之心，与人相副，以类合之，天人一也。"董仲舒的天人合一思想，是非常明显的。他的天人感应说，有时候似乎有迷信色彩，我们不能不加以注意。

到了宋代，是中国所谓"理学"产生的时代，此时出了不少大儒。尽管学说在某一些方面也有所不同，但在"天人合一"方面，几乎都是相同的。张载明确地提出了"天人合一"的命题。程颐说："天、地、人，只一道也。"

宋以后儒家关于这一方面的言论，我不再介绍了。我在上面已经说过，这个思想不限于儒家。如果我们从更宏观的角度来看这个问题，把"天人合一"理解为人与大自然的关系。那么在儒家之外，其他道家、墨家和杂家等等也都有类似的思想。我在此稍加介绍。

老子说："人法地，地法天，天法道，道法自然。"王弼注说："与自然无所违。"《庄子·齐物论》说："天地与我并生，而万物与我为一。"看起来道家在主张天人合一方面，比儒家还要明确得多。墨子对天命鬼神的看法有矛盾，他一方面强调"非命"、"尚力"，人之富贵贫贱荣辱在力不在命；但是在另一方面，他又推崇"天志"、"明鬼"。他的"天"好像是一个有意志行赏罚的人格神，天志的内容是兼相爱。他的政治思想，比如兼爱、非攻、尚贤、尚同，也有同样的标记。至于吕不韦，在《吕氏春秋·应同》中说："成齐类同皆有合，故尧为善而众善至，桀为非而众非来。《商箴》云：'天降灾布祥，并有其职。'"这里又说："山云草莽，水云鱼鳞，旱云烟火，雨云水波，无不皆类其所生以示人。"从这里可以看出，吕氏是主张自然（天）是与人相应的。

中国古代"天人合一"的思想，就介绍这样多。我不是写中国哲学史，不过聊举数例说明这种思想在中国古代十分普遍而已。

不但中国思想如此，而且古代东方思想也大多类此。我只举印度一个例子，印度古代思想派系繁多，但是其中影响比较大、根柢比较雄厚的是人与自然合一的思想。印度使用的名词当然不会同中国一样，中国管大自然或者宇宙叫"天"，而印度则称之为"梵"（Brahman）；中国的"人"，印度称之为"我"（Ātman，阿特曼）。总起来看，中国讲"天人"，印度讲"梵我"，意思基本上是一样的。印度古代哲学家有时候用tat（等于英文的that）这个字来表示"梵"。梵文tat kartr，表面上看是"那个的创造者"，意思是"宇宙的创造者"。印度古代很有名的一句话tat tvam asi，表面上的意思是"你就是那个"，真正的含义是"你就是宇宙"（你与宇宙合一）。宇宙、梵是大我；阿特曼、我是小我。《奥义书》中论述梵我关系常使用一个词儿

Brahmātmaikyam，意思是"梵我一如"。吠檀多派大师商羯罗（Sankara，约公元788—820年）张扬不二一元论（Advaita），大体的意思是，有的《奥义书》把"梵"区分为二：有形的梵和无形的梵。有形的梵指的是现象界或者众多的我（小我）；无形的梵指的是宇宙本体最高的我（大我）。有形的梵是不真实的，而无形的梵才是真实的。所谓"不二一元论"就是说：真正实在的唯有最高本体梵，而作为现象界的我（小我）在本质上就是梵，二者本来是同一个东西。我们拨开这些哲学迷雾看一看本来面目。这一套理论无非是说梵我合一，也就是天人合一，中印两国的思想基本上是一致的。（请参阅姚卫群《吠檀多派哲学的梵我关系理论》；《南亚研究》1992年第三期，页37—44）

从上面对中国古代思想和印度古代思想的介绍中，我们可以看到，尽管使用的名词不同，而内容则是相同的。换句话说，"天人合一"的思想是东方思想的普遍而又基本的表露。我个人认为，这种思想是有别于西方分析思维模式的东方综合思维模式的具体表现。这个思想非常值得注意，非常值得研究，而且还非常值得发扬光大，它关系到人类发展的前途。

专就中国哲学史而论，我在本文一开头就说到：哪一个研究中国哲学史的学者也回避不开"天人合一"这个思想。要想对这些学者们的看法一一详加介绍，那是很难以做到的，也是没有必要的。我在下面先介绍几个我认为有代表性的哲学史家的看法，然后用比较长一点的篇幅来介绍中国现当代国学大师钱宾四（穆）先生的意见，他的意见给了我极大的启发。

首先介绍中国著名的哲学史家冯芝生（友兰）先生的意见。芝生先生毕生研究中国哲学史，著作等身，屡易其稿，前后意见也不可避免地不能完全一致。他的《中国哲学史》是一部皇皇巨著，在半个多世纪的写作过程中，随着时代潮流的变换，屡屡改变观点，直到逝世前不久才算是定稿。我不想在这里详细讨论那许多版本的异同，我只选出一种比较流行的也就是比较有影响的版本，加以征引，略作介绍，使读者看到冯先生对这个"天人合一"思想的评论意见。我选的是1984年中华书局版的《中国哲学史》，他在上册页164谈到孟子时说："'万物皆备于我'，'上下与天地同流'等语，颇有神秘主义之倾向。其本意如何，孟子所言简略，不能详也。"由此可见，冯先生对孟子"天人合一"的思想没有认真重视，认为"有神秘主义倾向"。看来他并不以为这种思想有什么了不起，他的其他意见不再具引。

第二个我想介绍的是中国著名的思想史家侯外庐先生。他在《中国思想通史》（1957年，人民出版社）第一卷，页380，谈到《中庸》的"天人合一"思想。他引用了《中庸》的几段话，其中包括我在上面引的那一段。在页381侯先生写道："这一'天人合一'的思想，已在西周的宗教神上面加上了一层'修道之谓教'。"看来这一位中国思想史专家，对"天人合一"思想的理解与欣赏水平，并没能超过冯友兰先生。

我想，我必须引征一些杨荣国先生的意见，他代表了一个特定时代的"御用"哲学家的意见。他是十年浩劫中几乎仅有的一个受青睐的中国哲学史家。他的《简明中国哲学史》（1973年，人民出版社）可以代表他的观点。在这一部书中，杨荣国教授对与"天人合一"思想有关的古代哲学家一竿子批到底。他认为孔子"要挽救奴隶制的危亡，妄图阻止人民的反抗"（页25）。孔子的"政治立场的保守，决定他有落后、反动的一面"（同上）。对子思和孟子则说"力图挽救种族统治、把孔子天命思想进一步主观观念化的唯心主义哲学"（页29）。"孟子鼓吹超阶级的性善论"（页34）。"由于孟子是站在反动的奴隶主立场，是反对社会向前发展的，所以他的历史观必然走上唯心主义的历史宿命论"（页35）。"由是孔孟之道更加成为奴役劳动人民的精神枷锁。要彻底砸烂这些精神枷锁，必须批判孔孟哲学，并肃清其流毒和影响"（页37）。下面对董仲舒（页74—84），对周敦颐（页165—169），对程颐（页171—177），对朱熹（页191—198），等等，所使用的词句都差不多，我不一一具引了。这同平常我们所赞同的批判继承的做法，不大调和。但是它确实代表了一个特定时期的思潮，读者不可不知，所以我引征如上。

最后，我想着重介绍当代国学大师钱穆（宾四）先生对"天人合一"思想的看法。

钱宾四先生活到将近百岁才去世。他一生勤勤恳恳，笔耕不辍，他真正不折不扣地做到了"著作等身"，对国学研究做出了极其重要的贡献。他涉猎方面极广，但以中国古代思想史为轴心。因此，在他漫长的一生中，在他那些大大小小长长短短的著述中，很多地方都谈到了"天人合一"，我不可能一一列举。我想选他的一种早期的著作，稍加申述；然后再选他逝世前不久写成的他最后一篇文章。两个地方都讲到"天人合一"，但是他对这个命题的评价却迥乎不同。我认为，这一件事情有极其重要的含义。一个像钱宾四先生这样的国学大师，在漫长的生命中，对这个命题最后达到的认识，实在是值得我们非常重视的。

我先介绍他早期的认识。

宾四先生著的《中国思想史》（《现代国民基本知识丛书》第一辑）中说："中国思想，有与西方态度极相异处，乃在其不主向外觅理，而认真理即内在于人生界之本身，仅指其在人生界中之普遍者共同者而言，此可谓之内向觅理。"书中又说："中国思想，则认为天地中有万物，万物中有人类，人类中有我。由我而言，我不啻为人类中心，人类不啻为天地万物之中心，而我又为其中心之中心。而我之与人群与物与天，寻本而言，则浑然一体，既非相对，亦非绝对。"

在这里，宾四先生对"天人合一"的思想没有加任何评价，大概他还没有感觉到这个思想有什么了不起之处。

但是，过了几十年以后，宾四先生在他一生最后的一篇文章《中国文化对人类未来可有的贡献》（载于刘梦溪主编的《中国文化》，1991年8月第四期，第93~96页）中，对"天人合一"这个命题有了全新的认识。文章不长，《中国文化》系专门学术刊物又不大容易见到，我索性把全文抄在下面：

前言——中国文化中，"天人合一"观，虽是我早年已屡次讲到，惟到最近始彻悟此一观念实是整个中国传统文化思想之归宿处。去年九月，我赴港参加新亚书院创校四十周年庆典，因行动不便，在港数日，常留旅社中，因有所感而思及此。数日中，专一玩味此一观念，而有彻悟，心中快慰，难以言述。我深信中国文化对世界人类未来求生存之贡献，主要亦即在此。惜余已年老体衰，思维迟钝，无力对此大体悟再作阐发，惟待后来者之继起努力。今适中华书局建立八十周年庆，索稿于余，姑将此感写出，以为祝贺。

中国文化过去最伟大的贡献，在于对"天""人"关系的研究。中国人喜欢把"天"与"人"配合着讲。我曾说"天人合一"论，是中国文化对人类最大的贡献。

从来世界人类最初碰到的困难问题，便是有关天的问题。我曾读过几本西方欧洲古人所讲有关"天"的学术性的书，真不知从何讲起。西方人喜欢把"天"与"人"离开分别来讲。换句话说，他们是离开了人来讲天。这一观念的发展，在今天，科学愈发达，愈易显出它对人类生存的不良影响。

中国人是把"天"与"人"和合起来看，中国人认为"天命"就表露在"人生"上。离开"人生"，也就无从来讲"天命"；离开"天命"，也就无从来讲"人生"。所以中国古人认为"人生"与"天命"最高贵最伟大处，便在于能把他们两者和合为一。离开了人，又从何处来证明有天。所以中国古人，认为一切人文演进都顺从天道来。违背了天命，即无人文可言。"天命""人生"和合为一，这一观念，中国古人早有认识。我以为"天人合一"观，是中国古代文化最古老最有贡献的一种主张。

西方人常把"天命"与"人生"划分为二，他们认为人生之外别有天命，显然是把"天命"与"人生"分作两个层次，两个场面来讲。如此乃是天命，如此乃是人生，"天命"与"人生"分别各有所归。此一观念影响所及，则天命不知其所命，人生亦不知其所生，两截分开，便各失却其本义。决不如古代中国人之

"天人合一"论，能得宇宙人生会通合一之真相。

所以西方文化显然需要另有天命的宗教信仰，来作他们讨论人生的前提。而中国文化，既认为"天命"与"人生"同归一贯，并不再有分别，所以中国古代文化起源，亦不再需有像西方古代人的宗教信仰。在中国思想中，"天""人"两者间，并无"隐""现"分别。除却"人生"，你又何处来讲"天命"。这种观念，除中国古人外，亦为全世界其他人类所少有。

我常想，现代人如果要想写一部讨论中国古代文化思想的书，莫如先写一本中国古代人的天文观，或写一部中国古代人的天文学，或人生学。总之，中国古代人，可称为抱有一种"天即是人，人即是天，一切人生尽是天命的天人合一观"。这一观念，亦可说即是古代中国人生的一种宗教信仰，这同时也即是古代中国人主要的人生观，亦即是其天文观。如果我们今天亦要效法西方人，强要把"天文"与"人生"分别来看，那就无从去了解中国古代人的思想了。

即如孔子的一生，便全由天命，细读《论语》便知。子曰："五十而知天命"，"天生德于予"。又曰："知我者，其天乎！""获罪于天，无所祷也。"倘孔子一生全可由孔子自己一人作主宰，不关天命，则孔子的天命和他的人生便分为二。离开天命，专论孔子个人的私生活，则孔子一生的意义与价值就减少了。就此而言，孔子的人生即是天命，天命也即是人生，双方意义价值无穷。换言之，亦可说，人生离去了天命，便全无意义价值可言。但孔子的私生活可以这样讲，别人不能。这一观念，在中国乃由孔子以后战国时代的诸子百家所阐扬。

读《庄子·齐物论》，便知天之所生谓之物，人生亦为万物之一。人生之所以异于万物者，即在其能独近于天命，能与天命最相合一，所以说"天人合一"。此义宏深，又岂是人生于天命相离远者所能知。果使人生离于天命远，则人生亦同于万物与万物无大相异，亦无足贵矣。故就人生论之，人生最大目标、最高宗旨，即在能发明天命。孔子为儒家所奉称最知天命者，其他自颜渊以下，其人品德性之高下，即各以其离于天命远近为分别。这是中国古代论人生之最高宗旨，后代人亦与此不远。这可以说是我中华民族论学分别之大体所在。

近百年来，世界人类文化所宗，可说全在欧洲。最近五十年，欧洲文化近于衰落，此下不能再为世界人类文化向往之宗主。所以可说，最近乃是人类文化之衰落期。此下世界文化又将何所向往？这是今天我们人类最值得重视的现实问题。

以过去世界文化之兴衰大略言之，西方文化一衰则不易再兴，而中国文化则屡仆屡起，故能绵延数千年不断。这可说，因于中国传统文化精神，自古以来即能注意到不违背天，不违背自然,且又能与天命自然融合一体。我以为此下世界文化之归结,恐必将以中国传统文化为宗主。此事涵义广大,非本篇短文所能及,暂不深论。

今仅举"天下"二字来说,中国人最喜言"天下"。"天下"二字,包容广大,其涵义即有,使全世界人类文化融合为一,各民族和平并存,人文自然相互调适之义。其他亦可据此推想。

我抄了宾四先生的全文。此文写于1990年5月,全抄的目的无非是想让读者得窥全豹。我不敢擅自加以删节,恐失真相。

我们把宾四先生早期和晚期的两篇著作一对比便发现,他晚年的这一篇著作,对"天人合一"的认识大大地改变了。他自己使用"澈悟"这个词,有点像佛教的"顿悟"。他自己称此为"大体悟",说这"是中国文化对人类最大的贡献",又说"此事涵义广大",看样子他认为这是一件了不起的事。我们当然都非常希望知道,这"澈悟"的内容究竟是什么。可惜他写此文以后不久就谢世,这将成为一个永恒的谜。宾四先生毕生用力探索中国文化之精髓。积八十年之经验,对此问题必有精辟的见解,可惜我们永远也不会知道了。

他在此文中一再讲"人类生存"。他讲得比较明确:"天"

就是"天命";"人"就是"人生"。这同我对"天""人"的理解不大一样。但是,他又讲到"不违背天,不违背自然",把"天"与"自然"等同,又似乎同我的理解差不多。他讲到中国文化与西方文化,认为"欧洲文化近于衰落",将来世界文化"必将以中国传统文化为宗主"。这一点也同我的想法差不多。

宾四先生往矣。我不揣谫陋,谈一谈我自己对"天人合一"的看法,希望对读者有那么一点用处,并就正于有道。我完全同意宾四先生对这个命题的评价:涵义深远,意义重大。我在这里只想先提出一点来:正如我在上面谈到的,我不把"天"理解为"天命",也不把"人"理解为"人生"。我认为"天"就是大自然,"人"就是我们人类,天人关系是人与自然的关系。看来在这一点上,我同宾四先生的意见是不一样的。

我怎样来解释"天人合一"呢?话要说得远一点,否则不易说清楚。

最近四五年以来,我以一个哲学门外汉的身份,有点不务正业,经常思考一些东西方文化关系问题,思考与宾四先生提出的"此下世界文化又将何所向往"相似的问题。我先在此声明一句:我并不是受到宾四先生的启发才思考的,因为我开始思考远在他的文章写成以前,只能说是"不谋而合"吧。我曾在许多文章中表达了我的想法,在许多国际学术研讨会上,我也发表了一些讲话。由最初比较模糊，比较简单，比较凌乱，比较浅薄，进而逐渐深化，逐渐系统，颇得到国内外一些真正的行家的赞许。我甚至收到了从西班牙属的一个岛上寄来的表示同意的信。

那么，我是如何思考的呢？详细的介绍，此非其地。我只能十分简略地介绍一下。我从人类文化产生多元论出发，我认为，世界上每一个民族，不管大小，都或多或少地对人类文化做出了贡献。自从人类有历史以来，共形成了四个文化体系：

一、中国文化；

二、印度文化；

三、从古代希伯来起经过古代埃及、巴比伦以至伊斯兰阿拉伯文化的闪族文化；

四、肇端于古代希腊、罗马的西方文化。

这四个文化体系又可以划分为两大文化体系：东方文化和西方文化。前三者属于东方文化，第四个属于西方文化。两大文化体系的关系是：三十年河西、三十年河东。

东西两大文化体系的区别，随处可见。它既表现在物质文化上，也表现在精神文化上。具体的例子不胜枚举。但是，我个人认为，两大文化体系的根本区别来源于思维模式之不同。这一点我在上面已经提到过：东方的思维模式是综合的，西方的思维模式是分析的。勉强打一个比方，我们可以说：西方是"一分为二"，而东方则是"合二而一"。再用一个更通俗的说法来表达一下：西方是"头痛医头，脚痛医脚"，"只见树木，不见森林"；而东方则是"头痛医脚，脚痛医头"，"既见树木，又见森林"。说得再抽象一点：东方综合思维模式的特点是，整体概念，普遍联系；而西方分析思维模式正相反。

现在我回到本题。"天人合一"这个命题正是东方综合思维模式的最高最完整的体现。

我在上面已经说到，我理解的"天人合一"是讲人与大自然合一。我现在就根据这个理解对人与自然的关系进行一些分析。人，同其他动物一样，本来也是包括在大自然之内的。但是，自从人变成了"万物之灵"以后，顿觉自己的身价高了起来，要闹一点"独立性"，想同自然对立，要平起平坐了。这样才产生出来了人与自然的关系。

人类在成为"万物之灵"之前或之后，一切生活必需品都必须取给于大自然，衣、食、住、行，莫不皆然。人离开了自然提供的这些东西，一刻也活不下去。由此可见人与自然关系之密切、之重要。怎样来处理好人与自然的关系，就是至关重要的了。

据我个人的观察与思考，在处理人与自然的关系方面，东方文化与西方文化是迥乎不同的，夸大一点简直可以说是根本对立的。西方的指导思想是征服自然;东方的主导思想,由于其基础是综合的模式,主张与自然万物浑然一体。西方向大自然穷追猛打,暴烈索取。在一段时间以内,看来似乎是成功的:大自然被迫勉强满足了他们生活的物质需求,他们的日子越过越红火。他们有点忘乎所以,飘飘然昏昏然自命为"天之骄子","地球的主宰"了。

东方人对大自然的态度是同自然交朋友,了解自然,认识自然,在这个基础上再向自然有所索取。"天人合一"这个命题,就是这种态度在哲学上的凝炼的表述。东方文化曾在人类历史上占过上风,起过导向作用,这就是我所说的"三十年河东"。后来由于种种原因,时移势迁,沧海桑田,西方文化取而代之。钱宾四先生所说的:"近百年来,世界人类文化所宗,可说全在欧洲。"这就是我所说的"三十年河西"。世界形势的发展就是如此,不承认是不行的。

东方文化基础的综合思维模式,承认整体概念和普遍联系,表现在人与自然的关系上就是人与自然为一整体,人与其他动物都包括在这个整体之中。人不能把其他动物都视为敌人,要征服它们。人吃一些动物的肉,实在是不得已而为之。从古至今,东方的一些宗教,比如佛教,就反对杀生,反对肉食。中国固有的思想中,对鸟兽表示同情的表现,比比皆是。最著名的两句诗:

"劝君莫打三春鸟，子在巢中待母归。"是众所周知的。这种对鸟兽表示出来的怜悯与同情，十分感人，西方诗中是难以找到的。孟子的话"恻隐之心人皆有之"，也表现了同一种感情。

东西方的区别就是如此突出。在西方文化风靡世界的几百年中，在尖刻的分析思维模式指导下，西方人贯彻了征服自然的方针。结果怎样呢？有目共睹，后果严重。对人类的得寸进尺永不餍足的需求，大自然的忍耐程度并非无限，而是有限度的。在限度以内，它能够满足人类的某一些索取。过了这个限度，则会对人类加以惩罚，有时候是残酷的惩罚。即使是中国，在我们冲昏了头脑的时候，大量毁林造田，产生的后果，人所共知：长江变成了黄河，洪水猖獗肆虐。

从全世界范围来看，在西方文化主宰下，生态平衡遭到破坏，酸雨到处横行，淡水资源匮乏，大气受到污染，臭氧层遭到破坏，海、洋、湖、河、江遭到污染，一些生物灭种，新的疾病冒出等等，威胁着人类的未来发展，甚至人类的生存。这些灾害如果不能克制，则用不到一百年，人类势将无法生存下去。这些弊害目前已经清清楚楚地摆在我们眼前，哪一个人敢说这是危言耸听呢？

现在全世界的明智之士都已痛感问题之严重，但是却不一定有很多人把这些弊害同西方文化挂上钩。然而，照我的看法，这些东西非同西方文化挂上钩不行。西方的有识之士,从本世纪20年代起直到最近,已经感到西方文化行将衰落。钱宾四先生说:"最近五十年,欧洲文化近于衰落。"他的忧虑同西方眼光远大的人如出一辙。这些意见同我想的几乎完全一样,我当然是同意的,虽然衰落的原因我同宾四先生以及西方人士的看法可能完全不相同。

有没有挽救的办法呢?当然有的。依我看,办法就是以东方文化的综合思维模式济西方的分析思维模式之穷。人们首先要按照中国人、东方人的哲学思维,其中最主要的就是"天人合一"的思想,同大自然交朋友,彻底改恶向善,彻底改弦更张。只有这样,人类才能继续幸福地生存下去。我的意思并不是要铲除或消灭西方文化。不是的,完全不是的。那样做,是绝对愚蠢的,完全做不到的。西方文化迄今所获得的光辉成就,绝不能抹煞。我的意思是,在西方文化已经达到的基础上,更上一层楼,把人类文化提高到一个前所未有的高度。"三十年河西,三十年河东"这个人类社会进化的规律能达到的目标,就是这样。

有一位语言学家讽刺我要"东化"。他似乎认为这是非圣无法大逆不道之举。愧我愚陋,我完全不理解:既然能搞"西化",为什么就不能搞"东化"呢?

"风物长宜放眼量。"我们决不应妄自尊大。但是我们也不应妄自菲薄。我们不应当囿于积习，鼠目寸光，认为西方一切都好，我们自己一切都不行。这我期期以为不可。

多少年来，人们沸沸扬扬，义形于色，讨论为什么中国自然科学不行，大家七嘴八舌，争论不休，都认为这是一件事实，不用再加以证明。然而事情真是这样吗？我自己对自然科学所知不多，不敢妄加雌黄。我现在吁请大家读一读中国当代数学大家吴文俊先生的一篇文章：《关于研究数学在中国的历史与现状》（见《自然辩证法通讯》1990年第四期）。大家从中一定可以学习很多东西。

总之，我认为，中国文化和东方文化中有不少好东西，等待我们去研究，去探讨，去发扬光大。"天人合一"就属于这个范畴。我对"天人合一"这个重要命题的"新解"，就是如此。

1992年11月22日写毕

（原载《传统文化与现代化》1993年创刊号）

关于"天人合一"思想的再思考

今年春天,我在新创刊的《传统文化与现代化》杂志上发表了一篇论文:《"天人合一"新解》(以下简称《新解》),阐述了我最近对东西文化关系的一些新的想法,大概仍然属于野狐谈禅之类。不意竟引起了很大反响(柴剑虹、向云驹等先生相告)。同时,我自己也进一步读了一些书。我并无意专门搜集这一方面的资料,资料好像是自己跃入我的眼中。一经看到,眼明心亮。我自己也有点吃惊:资料原来竟这样多呀!这些资料逼迫我进一步考虑这个问题。

我想到,东西文化关系的问题,是当前国内热门话题之一,国外也有类似倾向。最近一两年内,我曾多次参加国内和国际研究东西文化关系的学术研讨会。同声相求,同气相应,颇有一些意见相同者,窃以为慰。但是,兹事体大,绝非一两个人,在一两年内,就能获得比较满意的解决的。因此,把我进一步考虑的结果以及新看到的一切资料,搜集起来,对《新解》加以补充,会是有益的。

这就是这篇论文产生的根源。

我的做法是，先补充一些资料，然后再分别介绍李慎之先生一篇文章和郑敏先生一篇文章。最后讲一点纳西族的哲学思想。

我在《新解》中引用了不少中国资料，但是对一个非常重要的人物，宋代的张载，却只提了一句，这无疑是一个很大的缺憾。张载是宣扬天人合一思想最深刻最鲜明的代表，是万万遗漏不得的。我现在来弥补一下。

张载是宋代的理学大家之一。在遵照唯物主义和唯心主义斗争的条条框框写成的中国哲学史中，他一向被认为是唯物主义者。我对这种愣贴标签的、把哲学现象过分简单化的做法是不敢苟同的。这且不去说它。我现在引他一些话，补《新解》之不足。

天人合一思想在张载的著作中，到处都有表现。比如，在《正蒙》中，他说："爱必兼爱。"他又说："物无孤立之理。"意思就是，事事物物都互相联系。这同我多次提到的东方文化的特点：整体概念，普遍联系，是一个意思。表现天人合一思想最鲜明、最深刻的例子，是张载著名的《西铭》（后收入《正蒙》中）。《西铭》极短，我不妨全文抄出：

乾称父，坤称母；予兹藐焉，乃混然中处。故天地之塞，吾其体；天地之帅，吾其性。民，吾同胞；物，吾与也。大君者，吾父母宗子；其大臣，宗子之家相也。尊高年，所以长其长；慈孤弱，所以幼其幼；圣，其合德；贤，其秀也。凡天下疲癃、残疾、惸独、鳏寡，皆吾兄弟之颠连而无告者也。于时保之，子之翼也；乐且不忧，纯乎孝者也。

关于张载就补充这样多。在当时，张载同程朱一派的理学家意见是不同的，甚至是矛盾的。但是对张载这种鲜明的天人合一的思想，程朱也是赞赏的。可见这种思想，在中国哲学史上，是深入人心的。

现在我想补充一点关于日本的资料。日本深受中国宋明理学的影响，对于天人合一的思想并不陌生。这一点在讲日本思想史的书中，在许多中国学家的著作中，很容易可以找到，无须我再加以详细论列。前不久，我接到日本神户大学教授、哲学和日本学专家仓泽行洋博士的新著《东洋と西洋》，其中有的地方讲到天人合一：第一章，"世界观の东西"，13 众生本来佛；14 万物与我一体。我请人把 14 "万物我と的一体"译为汉文，附在这里，以供参考：

这样，在佛教中认为人与万物并无差别，同为佛，实质上同为一物。当然，我们即使不以佛作为依据，在其他许多地方也同样可以发现人与万物本质上完全相同。

譬如，在印度有一种古老的哲学，叫"奥义书"。这种哲学出现在佛教尚未形成之时。奥义书哲学的根本理念，根本思想就是ātman与brahman同一。ātman就是自我的本质，我的实体。brahman就是宇宙的原理，译为"梵"。这里就是讲我与梵，自我的本体与宇宙的原理是相同之物。日本明治时代的某位学者把它称为"梵我一如"。奥义书思想之本就在于"梵我一如"。这是一个十分出色的表现。"梵我一如"也是我、人与人以外的万物完全相同的另一种讲法。

另外，还有一种十分简洁、十分明确的说法，这就是"天地与我同根，万物与我一体"。这句话出自中国的一本古书《碧岩录》。此句的意义，我想是不说自明的。

与此十分相似的还有《庄子》中的一句话："天地与我并生，而万物与我为一。"

《庄子》中还有这样一句话："万物皆一，万物一齐。"此处的万物中包含着人类。包括人类在内的万物从本质上看都是相同的。"万物一齐"的"一齐"就是相同、相等之意，所以就等于说万物毫无例外都是平等的。

此类例子不胜枚举。

现在补充一点关于朝鲜的资料。

朝鲜有比较悠长的哲学发展的历史，一方面有自己本土的哲学思想，另一方面又受到了邻国中国哲学思想的影响。中国儒家思想在三国时期已传入朝鲜，儒家的天命观影响了朝鲜思想。到了高丽末李朝初期，宋代程朱之学传入。作为宋代理学基础的天人合一思想，也在朝鲜占了上风。在这时期出现了一批程朱理学的代表人物，比如李穑（1328-1396年），郑梦周（1337-1392年），郑道传（1337-1398年）等等，在他们的学说中，都有一些关于天地万物之理的论述；但是，明确提出天人合一思想的是权近（1352-1409年）。他用图表来解释哲学思想，其中最重要的是"天人心性合一之图"，他把这张图摆在所有图的最前面，以表示其重要性。他反对天人相胜论。他说："就人心性上，以明理气善恶之殊，以示学者……人兽草木千形万状，各正性命者，皆自一太极中流出。故万物各具一理，万理同出一源，一草一木各一太极，而天下无性外之物，故《中庸》言，能尽其性，则能尽人之性……能尽物之性，而可以赞天地之化育，呜呼，至哉。"

权近又提出了天人相类相通的学说，他说："盖天地万物，本同一体，故人之心正，则天地之心亦正；人之气顺，则天地之气亦顺。是天地之有灾祥，良由人事之有得失也。人事得，则灾祥顺其常；人事失，则灾祥反其正。"

他还说:"人众胜天,天定亦能胜人。天人之际,虽交相为胜,然人之胜天,可暂而不可常;天之胜人,愈久而愈定也。故淫者必不能保其终,而善者必有庆于后矣。"

李朝前半期的哲学思想,以及那以后的哲学思想,仍然或多或少地呈现出天人合一的色彩。因此我们可以说,这种东方特有的天人合一的思想,在朝鲜哲学史上也是比较明确的。

补充资料就这样多。

在《新解》里,我论述了中国和印度的天人合一的思想。现在,我又补充了日本和朝鲜(韩国)的天人合一的思想。东方几个有代表性的国家,我都谈到了。因此,我说,天人合一的思想,是东方文明的主导思想,应该说是有坚实可靠的根据的。

我在下面介绍两篇文章,第一篇是李慎之教授的《中国哲学的精神》。在进入正文之前,我想先讲一点琐事,也可以算是"花絮"吧。

我最初并不认识李慎之先生。只在中国国际交流协会的理事会上见过几次面。我认为他不过是一个外交官,一个从事国际活动的专家,给我没有留下多么深刻的印象。前几年,台湾的星云大师率领庞大的僧尼代表团,来内地访问。赵朴老在人民大会堂设素斋招待。排座位,我适与他邻座。既然邻座,必然要交谈。谈了没有几个回合,我心里就大吃一惊,我惊其博学,惊其多识,我暗自思忖:"这个人看来必须另眼相看了。"

《吴宓与陈寅恪》一书出版,在懂行者中,颇引起一点轰动。报刊杂志上刊出了几篇文章,从不同的角度对陈吴二师的思想学术和交谊,做了一些探讨,极有见地,相当深刻,发潜德之幽光,使二师的真相逐渐大白于天下,我心中窃以为慰。

有一天,见到李先生。他告诉我,他看到我为那一本书题的封面,我在书名之外写上了"弟子季羡林敬署"。这本是一件微末不足道的小事,他却大为感慨。我小时候练习过毛笔字,后来长期在国外,毛笔不沾手者十有余年。我自知之明颇有一点,自知书法庸陋,从不敢以书法家自命。不意近若干年以来,竟屡屡有人找我写这写那。初颇惶恐觳觫,竭力抗拒。人称谦虚,我实愧恧。于是横下了一条心:"你不嫌丑,我就不脸红!"从而来者不拒,大写起来。但是,《吴宓与陈寅恪》却不属于这个范畴。为两位恩师的书题写书名,是极大的光荣。题上"弟子"字样,稍寓结草衔环之意。这一切都是在有意与无意之间进行的。然而慎之却于其中体会出深文奥义,感叹当今世态浇漓,师道不尊,十年浩劫期间,学生以打老师为光荣,而今竟有我这样的傻子、呆子,花岗岩的老脑袋瓜,仍遵古道,自署"弟子"。他在慨叹之余,提笔写了一篇关于《吴宓与陈寅恪》一书的文章,寄了给我。不知何故,没能收到。他又把文章复制了一份,重新付邮，并附短札一通。文章的名字叫《守死善道　强哉矫》，副标题是"读《吴宓与陈寅恪》"。信与文章都是一流的。我现在先把信抄在下面：

季先生：

拙文于六月底草成后即寄上请正。既然没有收到，就再次挂号寄上。

上次信中，还写了一些对陈吴两先生表示钦仰的话，并且希望两先生的老节能为中国知识分子之操守立一标准。这次就都不说了。只是仍然深感自己才力薄弱，不足以发两先生的潜德幽光，滋有愧耳。

专此即颂

秋安

李慎之，92年中秋夜

看了这封信，我相信，读者会认为我抄它是应该的。至于那一篇文章，我力劝他发表，现已在《瞭望》1992年第42期上刊出。我劝对陈吴两师有意研究了解者务必一读。我认为这是一篇难得的好文章，有见解，有气势，有感情，有认识；对两先生毕生忠于自己的信念，不侮食自矜，不曲学阿世，给予了最高的评价;对两先生生死之交终生不渝的友谊给予了最高的赞美。文章说:"陈先生的悲剧并不在他的守旧而正在于他的超前,这就是所谓'先觉有常刑'。"真可以掷地作金石声!

这就是我认识李慎之的经过,这就是我认识的李慎之。

这"花絮"实在有点太长了。但是,我相信,读者读了以后,或许还有人认为,它还应该再长一点。

现在来介绍《中国哲学的精神》。

按照平常的做法,我应当先对本文加以概述,然后选取某些点加以详细评论,或赞同,或否定,或誉,或毁,个人的看法当然也要提到。于是一篇文章便大功告成。我现在不想这样办。我觉得,这样办虽符合新八股的规律,然而却是"可怜无补费精神"。大家不是常说"求同存异"吗?我想反其道而行之,来一个"求异存同",并非想标新立异,实不得不尔耳。

说到"求异存同",我又不得不啰唆几句。李慎之先生在《守死善道　强哉矫》那一篇文章里引用了古人的话:"朋友,以义合者也。"我认为,这是含义深刻的一句话。但是,什么叫"义"呢?韩文公说:"行而宜之之谓义。"这仍然是"妻者,齐也"同音相训的老套。我个人觉得,"义"起码包含着肝胆相照这样一层意思,就是说,朋友之间不说假话,要讲真实的话。慎之做到了这一点,我现在努力步其后尘。

在这个思想的指导下，我介绍《中国哲学的精神》一文，不谈本文，只谈《后记》。慎之说："我过去看到季先生一些短篇论东西文化的文章，总以为他的思想与我大相径庭。这次看到他的长篇论述，才发觉我们的看法原来高度一致。"这对我无疑是一个极大的鼓舞，给了我极大的安慰。关于"高度一致"的地方，我就不再谈了。我现在专谈"高度不一致"的地方。

这样的地方我归纳为以下三点，分别谈谈我的意见。

（一）西方科学技术的副作用问题

李慎之先生说："季先生似乎对西方科学技术的副作用看得多了一点。"可我自己觉得，我看得不是太多，而是太少。关于这个问题，我并不是先知先觉。西方有识之士早已看到了，而且提出了警告。不但今天是这样，而且在一百多年以前已经有人提出来了。下面介绍郑敏教授的文章时，我还将谈论这个问题。这里就暂且不谈了。

前几天，我在香山召开的"东方伦理道德与青少年教育国际研讨会"上听到一位女士说，她最近读了一本外国某专家的书，书中列举了大量类似我在《新解》中所指出的西方科技产生出来的弊害，有说明，有理论，他最后的结论是：到了21世纪末，人类就到了"末日",实在让人惊心动魄。我还没有像他那样悲观,原因大概就是因为我并非科技专家,也非社会学家。我所能看到的并且列举出来的弊害,并不全面。虽然我在列举弊害时,往往在最后加上"等等",甚至两个"等等"这样的字样,看来是胸有成竹,种种弊害罗列心头,唾手可得。实际上是英雄欺人,是我耍的一种手法。我限于能力,再也列举不出更多更具体更有力的证据了。

但是,就拿我所能列举出来的弊害来看,这些都是确确实实存在着的,而且还日益发展蔓延,这绝不是我个人的幻想,而是有目共睹的。可怜当今世界上那些有权势的能在这方面有所作为的大人物,对这些问题视而不见,懵懵懂懂,如在梦中,仍然在争名于朝,争利于市,自我感觉极端良好哩。

慎之在《后记》中又提到:"去年六月讨论环境问题的全球首脑会议前夕,有一批当今世界上在各种学科居于领导地位的科学家特地写信给首脑会议发出呼吁,认为只有发展科学,发展技术,发展经济,才有可能最后解决环境问题。绝不能为保护环境而抑制发展,否则将两俱无成。我是赞成他们的意见的。"直白地说,我是不赞成他们的意见的,我期期以为不可。为了保护环境绝不能抑制科学的发展、技术的发展和经济的发展,这个大前提绝对是正确的。不这样做是笨伯,是傻瓜。但是,处理这个问题，脑筋里必须先有一根弦，先有一个必不可缺的指导思想，而这个指导思想只能是东方的天人合一的思想。否则就会像是被剪掉了触角的蚂蚁，不知道往哪里走。从发展的最初一刻起（from the very beginning），就应当在这种思想的指引下，念念不忘过去的惨痛教训，想方设法，挖空心思，尽上最大的努力，对弊害加以抑制，绝不允许空喊："发展！发展！发展！"高枕无忧，掉以轻心，梦想有朝一日科学会自己找出办法，挫败弊害。常言道："道高一尺，魔高一丈。"到了那时，魔已经无法控制，而人类前途危矣。中国旧小说中常讲到龙虎山张天师打开魔罐，放出群魔，到了后来，群魔乱舞，张天师也束手无策了。最聪明最有远见的办法是向观音菩萨学习，放手让本领通天的孙悟空去帮助唐僧取经。但同时又把一个箍套在猴子头上，把紧箍咒教给唐僧。这样可以两全其美，真无愧是大慈大悲的观世音。西方科学家们绝不能望其项背。他们那一套"科学主义"是绝对靠不住的。事实早已证明了：科学绝非万能。

（二）东西方文化融合的问题

李慎之先生说："事实上，人类已经到了全球化的时代，各种文化的融合已经开始了。"

笼统地说，我是同意这个看法的。因为，文化一经产生并且发展到了一定的程度，就会融合；而只有不同的文化的融合才能产生更高一层的文化。历史事实就是如此。

在这里，关键问题是"怎样融合"？也就是慎之所说的"如何"（how）的问题。这也就是我同他分歧之所在。他的论点看样子是东西文化对等地融合，不分高下，不分主次，像是酒同水融合一样，你中有我，我中有你，平起平坐，不分彼此。这当然是很理想、很美妙的。

但是，我却认为，这样的融合是不能解决问题的，倒不是因为我们要争一口气。融合必须是不对等的，必须以东方文化为主。

这不是有点太霸道，太不讲理了吗？为了说明这个问题，话必须扯得远一点。

英国历史学家汤因比（Toynbee）在他的巨著《历史研究》（*Historica Studies*）中，把人类在几千年的历史上所创造的文明归纳为23种或26种。意思就是说，任何文明都不能万岁千秋，永存不朽。这个观点是符合人类历史发展情况的。我归纳了一下，认为人类的文明或者文化大体上有五个阶段：诞生、成长、繁荣、衰竭、消逝。这种消逝不是毫不留踪迹地消失了，而是留有踪迹的，踪迹就存在于接它的班的文化中。这其实也是一种文化融合，但却不是对等的，而是有主有从的。

我们现在所说的西方文化,是指汇合了古代希腊文化和希伯来文化而发展下来的欧美文化。其思想基础是分析的思维模式。其繁荣期是在工业革命以后,与资本主义的诞生有密切联系。这个文化把人类文化的发展推向一个空前的高度,创造的物质财富使全人类皆蒙其利,无远弗届。这一点是无论如何也要强调的。但是,中外少数有识之士,已经感到,到了今天,这个文化已呈强弩之末之势。它那分析的特点碰到了困难,一些西方的物理学家提出了"夸克封闭"的理论。我于此是一个完全的外行,不敢赞一词。即使还能分析下去,也绝不能说永远能分析下去。那种"万世不竭"的想法,恐怕只是一种空想。反正一向自认为已经抓到了真理,无所不适、无所不能的自然科学家并不能解决或者解释自然界和人类躯体上的一切问题,这已经是有目共睹的了。

西方文化衰竭了以后怎样呢?我的看法是:自有东方文化在。

可是,李慎之先生在这里又提出了问题。他在《辨同异合东西》这一篇发言里说:"首先是,所谓东方与西方文化究竟何所指,就很难弄清楚。"这话自有其道理。一直到今天,主张东西文化有别的人还没有哪一个能够条分缕析地,翔实而又确凿地,令人完全信服地说出个道理来。这有待于我们进一步地思考与研究。但是绝不能因噎废食,就说东西文化分不清楚了。世界上万事万物，没有哪一个是绝对地纯的。连"真空"也不是百分之百的"真"。自其大者而言之，东西文化确有差别，而且差别极为明显，这一点无法否认。人类创造的文化很多，但是从总体上来看，可以分为东西两大文化体系。人类的思维模式，尽管名目繁多，但是从总体上来看也只能分为两大体系：综合的思维模式与分析的思维模式。这与东西两大文化体系适相对应。我在上面已经谈到，西方文化绝不能万岁千秋，西方的科学技术也绝非万能。自然界和人体内许多现象，西方科技无法解释。比如人体特异功能、中国的气功，还有中国傩文化中的一些现象，按照西方自然科学的规律是无法说得通的。把这些东西过分夸大，说得神乎其神，我并不相信；但是这种现象确实存在，又无法否认。

怎样来解释这些现象呢？西方的科学技术已经无能为力，也就是说，西方以分析思维模式为主导的探讨问题的方式已经无能为力了。换一个方式试试看怎样呢？在这里，alternative只有东方文化，只有以综合思维模式为主导的东方探讨问题的方式。实迫处此，不得不尔。一个人的个人爱好在这里是无能为力的。

东西方文化的差别表现在众多的地方。原来我以为只有在社会科学和人文科学方面是这样的。后来我读了一些书和文章，才知道区别并不限于上述两种科学，连自然科学也不例外。给我启发最大的是两篇文章。一篇是吴文俊教授的《关于研究数学在中国的历史与现状》,副标题是《东方数学典籍〈九章算术〉及其刘徽注研究》序言,第二篇是关士续先生的《科学历史的辩证法与辩证唯物主义的历史观》,副标题是《由吴文俊教授一篇序言引起的思考和讨论》。两位作者都根本不是讨论东西方文化的问题,然而对探讨这两种文化之差别是有非常深刻的启发意义。我郑重推荐给对这个问题有兴趣的同行们读一读。

话扯得有点太远了,是收回来的时候了。话虽然多,但我深信并不是废话。看了这些话以后,读者自然就能明白,我理解的东西文化融合与慎之理解的大相径庭。我理解的不是对等的融合,而是两个文化发展阶段前后衔接的融合,而是必以一方为主的融合,就是"东风压倒西风"吧。试问一个以综合思维为基础的文化怎样能同一个以分析思维为基础的文化对等地融合呢?那样产生出来的究竟会是一种什么样的文化呢?

这里有一个十分关键的问题,必须加以解决,否则的话,我上面的那一些论证都成了肥皂泡,一吹就破。这就是:中国文化,或者泛而言之的东方文化,也已有了若干千年的历史,难道这个文化就不受我在上面提出来的文化发展的五个阶段的制约吗?难道在这里必须给东方文化以"特权"吗?否,否,东方文化也必须受那五个阶段的制约。在规律面前,方方平等。我拿中国文化作一个例子来解释一下这个问题。汤因比在他的书中曾把中国文化分为几个文明。其说能否成立，姑置不论。但是中国文化作为一个整体，在几千年的发展过程中，有过几次"输液"甚至"换血"的过程。印度佛教思想传入中国，是第一次"输液"。明清之际西方思想传入，是第二次"输液"。五四运动可以算是第三次"输液"。有这样几次"输液"的过程，中国文化才得以葆其青春。这样的"输液"西方文化是不明显的。工业革命以后的繁荣阶段，更是根本没有。这是东西方文化最显著的区别之一。

基于上述理由，我不能同意慎之的意见。

（三）"三十年河东，三十年河西"的问题

这个问题在上面（二）里实际上已经解决。但是，慎之在《后记》里十分强调说："季先生所提出的'三十年河东，三十年河西'论，是我最不能同意的。"因此，我觉得还有必要再唠叨上几句。

这个问题，与其说是一个理论（慎之的"论"），毋宁说它是一个历史事实。既然在人类历史上有过许多文化或者文明，生生灭灭，变动不已，从广义上来看，这就是"三十年河东，三十年河西"。把范围缩小一点，缩为东西两大文化体系，情况稍有不同。在这里，历史上曾有过"三十年河东"，现在正是"三十

年河西"，是否能再一个"三十年河东"，这就有点理论味道了，因为历史还没有证明其"是"与"否"。我认为是"是"，理由上面（二）里已经陈述过了。至于究竟如何，那就有待于历史的证明。黑格尔用正——反——合这个公式说明事物发展规律。我觉得，在东西文化的关系上应该是正——反——正。但是我对于理论不是内行，提出来求教于通人。

写到这里，我想起了一个古老的笑话，是关于两个近视眼看匾的，内容大家都知道。我同慎之以及其他先生讨论的问题，等于还没拿出来的那一块匾。这样的问题只有历史的发展能最终解决，理论不管多么完美，多么奇妙，在没有被事实证明以前，都只能说是空想。因此，我对这个问题的考虑就到此为止，今后不想再写21世纪"畅想曲"了。这个问题留给文学家，留给诗人去处理吧。

下面介绍第二篇文章：郑敏教授的《诗歌与科学：世纪末重读雪莱〈诗辨〉的震动与困惑》。雪莱的这一篇文章是一篇极为重要的文章，真正闪耀着"天才的火花"。西人有言"诗人是预言家"，这话极有见地。诗人大概比我在上面提到的看（猜）匾的近视眼要高明得多多了。郑敏先生又以自己诗人的敏感写出了重读这篇文章的震动与困惑，极具有启发性，这与我在《新解》中提出的看法几乎完全符合。我不禁有点沾沾自喜了。

我在下面就郑敏教授的文章谈几点意见。

（一）雪莱预言工业发展的恶果

英国浪漫主义诗人雪莱以惊人的诗人的敏感，在西方工业发展正如火如荼地上升的时候，预先看到了它能产生的恶果。因为我自己没有读《诗辨》，我只能依靠郑敏先生的介绍。我还是抄一点她的文章吧：

在他的感受里，19世纪上半期的英国文化和人民的心态可谓病入膏肓。人们醉心于利用新兴的科学占领财富，一味放纵钻营的才能，而忽视心灵的培养。人们以机械的生产压制真正的创造性，而只有创造性才是真正的知识的源。在《诗辨》中雪莱指控工业革命将人们引上贪财、自私、愚昧的道路。

郑敏先生接下来在下面又写道：从17世纪到19世纪，西方文明在强大富裕的路上疾驰，价值观念经受强大的冲击，科技的惊人成就使得人文科学黯然失色。为积累财富所需的知识和理性活动成为文教界所重视的，而诗和想象力由于其无助于直接换取市场上的优势而受到忽视，前者雪莱称之为钻营的本领，诗人意识到物质的丰富并不必然促成文明自低向高发展。

这些话对我们今天的中国也还有其借鉴的意义。我并不主张，一切的财富积累都必须反对。那是某些宗教教派的信条，为我所不取。但在积累财富的同时不应该进行点精神文明方面的教育吗？

接下去，郑敏教授根据雪莱的预言列举了一些随着高科技在20世纪的发展而产生出来的"罪恶"：原子弹、艾滋病、民族仇恨的战火、森林的被破坏、海洋受污染、动物种类不断减少、臭氧层遭破坏、吸毒的蔓延、国际贩毒活动猖狂、黑手党的暴力活动、灭绝种族的纳粹大屠杀、恐怖的夜间失踪、精神病院的黑暗，等等。这同我在一些文章中列举的"弊端"，大同而小异。真是触目惊心，令人不寒而栗。

（二）雪莱开出的药方

上面列举的那一些现象，不管称之为什么，反正都是确确实实存在的，必须有解救的办法，必须有治这些病的药方。

根据郑先生的介绍，雪莱开出来的药方是诗与想象力，再加上一个爱。

根据郑先生的解释，"诗"，在很多情况下指的是诗的功能。雪莱认为，诗是神圣的，它具有一种道德的威力，它能克服邪恶。"想象力"，雪莱在《诗辨》中提出了它作为对物质崇拜和金钱专政相对抗的解毒剂。这种想象力的成分有柏拉图的理念,康德的先验主义,以及大量带有非理性(不是反理性)色彩的人文主义。在《诗辨》看来,那在富与高尚之间遗失的环节,就是想象力和诗。

雪莱医治人类创伤的另一剂良药就是"爱"。在《解放了的普罗米修斯》中,地下凶神德漠高更说,"爱"这双有医疗功能的翅膀拥抱满目疮痍的世界。

总之,雪莱的浪漫主义想以爱来医治人的创伤,以想象力来开拓人的崇高,以诗来滋润久旱的大地。他的这一些想法,我们不见得都能接受。但是,这对我们会有很大的启发性,则是必须肯定的。

(三)人与大自然的关系

一讲到爱,就会同人与大自然的关系挂上了钩。在这个问题上,郑敏教授有非常中肯的论述。我在下面抄一段她的话:

譬如,当一部分人为了发财而疯狂地破坏自然时,诗心使得一些人抗议滥杀野生动物,破坏原始森林,破坏臭氧层。愈来愈多的人走出以"人"为中心的狭隘、愚昧的宇宙观,认识到自然并不是为人而存在的,反之,人若要存在下去,就要了解自然、保护自然。盲目破坏自然环境,最终是要受到自然的惩罚的。在工业的初期，人类兴奋于一些科技的发明而以为人类万能，自我膨胀。……使人类在愚蠢的谋财过程中大量伤害了自然，今天我们已看到人和自然间的文本的关系，人的存在因自然受伤也面临危机。

这些意见同我在《新解》和其他文章中的意见完全一致。我们必须承认这些意见的正确。中国和东方一些国家自古以来的天人合一的思想，表达的正是这种思想和感情。拯救全人类灭亡的金丹灵药，雪莱提出来的是想象力、诗和爱，我们东方人提出来的是天人合一的思想，殊途同归，不必硬加轩轾。

（四）西方向东方学习

写到这里，已经接近西方必须向东方学习的问题了。

关于这个问题，郑敏先生介绍了一些情况。她说，随着西方社会走向后工业化时代，西方思潮中发展了一股向东方文化寻找清热解毒的良药的潜流。她举出了一些例子，比如20世纪初的费诺罗萨（Fenollosa）和庞德（Ezra Pound）对中国文字和古典文学的兴趣。"这一支向东方文明寻找生机的学派虽然在20世纪以前已经开始，但在19世纪与20世纪发展成西方文化中一支颇有影响的亚文化。从道家、儒家、印度佛教近年在西方文化中的影响来讲，就可以看出西方思想家是如何希望将东方文化作为一种良药来疏浚西方文化血管中物质沉淀的阻塞。"在这里，郑敏教授举出了F．卡普拉（Fritjof Capra）和海德格尔，还有日本学者Tezuka（手冢），以及德里达关于语言的讨论。

总之，西方向东方学习古已有之，于今为烈。我个人认为这是不可避免的，而且是一件大好的事情。特别值得思考的是这样一个事实：西方在第一次世界大战和第二次世界大战以后，都曾掀起了向东方学习的高潮。其中原因实在值得我们认真去思考。

（五）两种思维方式

最后我想着重谈一谈东西两种思维方式或模式的问题。

几年以前，我提出了世界上两大思维模式的想法，东方的综合思维模式和西方的分析思维模式。我在本文中，在上面，也谈到了这个想法。我有点自知之明，自己绝不是什么哲学家，至多不过胡思乱想而已。可是对这种胡思乱想偏偏又有点沾沾自喜。这或许是人类的弱点之一吧，我也未能免俗。虽然对读者同意的反应和不同意的反应我并不怎样介意，但看到赞成的意见，心里总是有点舒服。这或许是人类的另一个弱点吧。

在郑敏教授的这一篇文章里，我无意中找到了同我的看法几乎完全相同的论述，窃以为慰。我先把有关的地方抄在下面：20世纪后半期，西方结构主义与解构思维都以语言为突破口，对人类文化的各方面进行阐释，最后落实到两类思维模式，结构主义带着浓厚的崇尚科学的客观性倾向，企图将文字、语言及文化的各个方面纳入脱离人性及主观想象力的活动而独立存在的结构符号系统世界。解构思维则对这种崇尚逻辑分析并以此为中心的智性活动的垄断进行反抗。

再往下，郑敏先生又从人类智能的倾向方面把智能分为两大类：分析的、重实的；和综合的、重穿透和超越的。雪莱认为科技属于前者，而诗的想象为后者。

这同上面讲到的人类的两种思维模式完全相当。根据郑先生的论述，这两种模式表现在很多方面，我先归纳一下，列出一个简明扼要的表，然后再逐项稍加解释：

| 分析 | 知性（理性） | 分析力 | 结构主义 |
| 综合 | 悟性 | 想象力 | 解构思维 |

为了真实和准确起见，我在解释时少用自己的话，而多用郑文原文。

先谈分析和综合。"从18世纪以来，由于科技的突飞猛进，人们更重视分析逻辑思维，而忽视想象力的海阔天空的创造性。""但现在这类分析活动正试用压倒创造发明的功能（指想象力，作者注）的直接表述。""综合"，上面引文中已有，不再重复。

谈知性和悟性。"忘记了想象力、悟性是保护人类崇高精神和创造能力的一种天性。""但他坚信这一切必须置于诗的功能和想象力的悟性（非狭隘的理性）之下。"第48页有"知性活动"这个词儿。"理性的运用强调分析、知性和实证，而忽略悟性，虽然悟性是凌驾于事实之上的一种超越的穿透性。"

谈分析力和想象力。上面的引文已经涉及到这方面了。现在再引上几句话。"想象力的集中表现为诗和哲学，分析力的集中表现为科技（与科学理论有别）；想象力的发展走向是超越物质世界，走向无拘束、无边无限的精神世界，而分析活动的发展产生了人对征服自然的强烈欲望。"我在别的地方讲过，"征服自然"是西方文化有别于东方文化的重要特点。郑文还提到，雪莱的《诗辨》主张以诗的功能和想象力来与分析性的功利主义和实用主义抗衡。

结构主义和解构思维，上面已引过。我现在再补充上一条："解构思维反对定型僵化的系统和抽象，因此吸收了东方哲学的'道''无常道''无名天地始''常无观其妙'（羡林案：原文如此）'玄者无形'等强调'无'的思维。"这样解构思维就同东方文化挂上了钩。

郑敏教授的论文就介绍到这里。

雪莱的《诗辨》和郑先生的文章，都是好文章。但是，是否我就完全同意不敢赞一词了呢？也不是的。我现在就根据自己的理解做一点补充，并且谈一谈自己的看法。

雪莱所谓的"诗"，不可能指世界上所有的诗。在过去的几千年中，各国人民创造了不少种类繁多、内容和形式各异的诗，诗的功能也各种各样，有的诗显然并不具备雪莱所说的那种"诗的功能"。我猜想，雪莱心目中的诗就是"浪漫主义"的诗。

其次，郑文中谈到了综合思维和分析思维，但是没有指出，这二者是否在地球上有所区别。我在上面已经指出，世界上没有绝对纯的东西，东西方都是既有综合思维，也有分析思维。但是，从宏观上来看，从总体上来看，这两种思维模式还是有地域区别的：东方以综合思维模式为主导，西方则是分析思维模式。这个区别表现在各个方面。东方哲学思想特点的天人合一思想，就是以综合思维为基础的。

最后，我还想对诗人诅咒金钱说上几句话。我觉得，金钱本身是没有什么善与恶的。善与恶决定于：金钱是怎样获得的？金钱又是怎样使用的？来的道路光明正大，使用的方式又合情合理，能造福人类，这就是善，否则就是恶。这个常识，很多人都会有的。

在结束本文之前，我再补充一点关于中国少数民族纳西族的类似汉族天人合一思想的哲学思想。

我在《新解》中和本文里讲的人与大自然合一的思想，都讲的是汉族的。对于少数民族的哲学思想，我很少涉猎，不敢妄说。不久以前我收到云南朋友们赠送的《东巴文化与纳西哲学》，赠送者就是本书的作者李国文先生。读后眼界大开。书中使我最感兴趣的是"三、古老的宇宙观"。在这一章里，作者叙述了"动物崇拜型的世界血肉整体联系说"。这里讲了三种动物：虎、牛、青蛙。对于这三种动物与世界血肉整体联系，本书有很简明扼要的叙述，读者请参阅原书，我不再引证。为了给读者以具体的印象，我引用东巴经《虎的来历》中的一段话：

……大地上很好的老虎，虎头是天给的。虎皮是大地给的。虎骨是石头给的。虎肉是土给的。虎眼是星宿给的。虎肚是月亮给的。虎肺是太阳给的。虎心是铁给的。虎血是水给的。虎气是风给的。虎的声音是青龙给的。虎爪是大雕给的。虎胆是胜利神和白牦牛给的。虎耳是豺狗给的。

不用加任何解释，天地万物为一体的精神，跃然纸上。

这种天人合一的精神，其他少数民族中一定还有。我现在暂且不去探索了。

我这一篇长达一万五千字的拙文到此为止。它看似凌乱，实则有一条主轴思想贯串其中。明眼人自能看出，我就不再啰唆了。

1993年6月6日写完

从宏观上看中国文化

最近几年，在全国范围内，掀起了一股"文化热"的高潮。这是完全可以理解的。我们国家的社会主义建设发展到了今天这个地步，在接受几十年来的经验和教训的基础上，大家都认识到，文化建设的任务已经提到议事日程上来了。我想大家都会同意，人类历史上任何社会，都不能专靠科技来支撑，物质文明与精神文明同步建设。我们今天的社会也决不能是例外。

在众多讨论中国传统文化与现代化问题的论文和专著中，有很多很精彩的具有独创性的意见。我从中学习了不少非常有用的东西。我在这里不详细去叙述。我只有一个感觉，这就是，讨论中国文化，往往就眼前论眼前，从几千年的历史上进行细致深刻的探讨不够，从全世界范围内进行最广阔的宏观探讨更不够。我个人觉得，探讨中国文化问题，不能只局限于我们生活于其中的这几十年、近百年，也不能局限于我们居住于其中的960万平方公里。我们必须上下数千年，纵横数万里，目光远大，胸襟开阔，才能更清楚地看到问题的全貌，而不至于陷入井蛙的地步，不能自拔。总之，我们要从历史上和地理上扩大我们的视野，才能探骊得珠。

我们眼前的情况怎样呢？从十九世纪末叶以来，我们就走了西化的道路。当然，西化的开始还可以更往前追溯，一直追溯到明末清初。但那时规模极小，也没有向西方学习的意识，所以我不采取那个说法，只说从19世纪末叶开始。从中国社会发展的需要来看，从全世界文化交流的规律来看，这都是不可避免的。近几百年以来，西方文化，也就是资本主义文化，垄断了世界。资本主义统一世界市场的形成，把世界上一切国家都或先或后地吸收过去。这影响表现在各个方面。不但在政治、经济方面到处都打上了西方的印记。在文学方面也形成了"世界文学"，从文学创作的形式上统一了全世界。在科学、技术、哲学、艺术等等方面，莫不皆然。中国从前清末叶到现在，中间经历了许多惊涛骇浪、帝国统治、辛亥革命、洪宪窃国、军阀混战、国民党统治、抗日战争、解放战争，一直到中华人民共和国建立后的社会主义初级阶段，我们西化的程度日趋深入。到了今天，我们的衣、食、住、行，从头到脚，从里到外，试问哪一件没有西化？我们中国固有的东西究竟还留下了多少？我看，除了我们的一部分思想感情以外，我们真可以说是"全盘西化"了。

我并不认为这是一件坏事。我认为，这是一件天大的好事。

无论如何，这是一件不可抗御的事。我一不发思古之幽情，二不想效法九斤老太；对中国自然经济的遭到破坏，对中国小手工业生产方式的消失，我并不如丧考妣，惶惶不可终日。我认为，有几千年古老文明的中国，如果还想存在下去，就必须跟上世界潮流，决不能让时代潮流甩在后面。这一点，我想是绝大多数的中国有识之士所共同承认的。

但是，事情还有它的另外一面，它也带来了不良后果。这最突出地表现在一些人的心理上。在解放前，侨居上海的帝国主义者在公园里竖上木牌，上面写着："华人与狗不许入内。"这是外来的侵略者对我们中华民族的污辱。这是容易理解的。但是，解放以后，我们号称已经站起来了，然而崇洋媚外的心理并未消失。古已有之，于今为烈。这是十分令人痛心的事。50年代曾批判过一阵这种思想，好像也并没有收到预期的效果。到了十年浩劫，以"四人帮"为首的一帮人，批崇洋媚外，调门最高，态度最"积极"。在国外读过书的知识分子，几乎都被戴上了这顶帽子。然而，实际上真正崇洋媚外的正是"四人帮"及其爪牙自己。现在，"四人帮"垮台已经十多年了，社会上崇洋媚外的风气，有增无减。有时简直令人感到，此风已经病入膏肓。贾桂似的人物到处可见。多么爱国的人士也无法否认这一点。有识之士怒然忧之。这种接近变态的媚外心理，我无论如何也难以理解。凡是外国的东西都好，凡是外国人都值得尊敬，这是一种反常的心理状态。中国烹调享誉世界。有一些外国食品本来并不怎么样；但是，一旦标明是舶来品，立即身价十倍，某一些味觉顿经改造的人们，蜂拥而至，争先恐后。连一些外国朋友都大惑不解，只有频频摇头。

在这样的情况下，要来谈中国文化，真正是戛戛乎难矣哉。在严重地甚至病态地贬低自己文化的氛围中，人们有意无意地抬高西方文化，认为自己一无是处，只有外来的和尚才会念经。这样怎么能够客观而公允地评价中国文化呢？我的意思并不是要说，要评价中国文化，就必须贬低西方文化。西方文化确有它的优越之处。十九世纪后半叶，中国人之所以努力学习西方，是震于西方的船坚炮利。在以后的将近一百年中，我们逐渐发现，西方不仅是船坚炮利，在精神文明和物质文明方面，他们都有许多令人惊异的东西。想振兴中华，必须学习西方，这是毫无疑问的。20年代，就有人提出了"全盘西化"的口号。今天还有不少人有这种提法或者类似的提法。我觉得，提这个口号的人动机是不完全一样的。有的人出于忧国忧民的热忱，其用心良苦，我自谓能充分理解。但也可能有人别有用心。这问题我在这里不详细讨论。我只想指出，人类历史证明，全盘西化（或者任何什么化）理论上讲不通，事实上办不到。但这并不影响我们向西方学习。我们必须向西方学习，今天要学习，明天仍然要学习，这是决不能改变的。如果我们固步自封，回到老祖宗走过的道路上去，那将是非常危险的。

但是，我始终认为，评价中国文化，探讨向西方文化学习这样的大问题，正如我在上面已经讲过的那样，必须把眼光放远，必须把全人类的历史发展放在眼中，更必须特别重视人类文化交流的历史。只有这样，才能做到公允和客观。我是主张人类文化产生多元论的。人类文化绝不是哪一个国家或民族单独创造出来的。法西斯分子有过这种论调，他们是别有用心的。从人类几千年的历史来看，民族和国家，不论大小，都或多或少地对人类文化宝库做出了自己的贡献。这恐怕是一个历史事实，是无法否认的。同样不可否认的事实是，每一个民族或国家的贡献又不完全一样。有的民族或国家的文化对周围的民族或国家产生了比较大的影响，积之既久，形成了一个文化圈或文化体系。根据我个人的看法，人类自从有历史以来，总共形成了四个大文化圈：古希腊、罗马一直到近代欧美的文化圈、从古希伯来起一直到伊斯兰国家的闪族文化圈、印度文化圈和中国文化圈。在这四个文化圈内各有一个主导的、影响大的文化，同时各个民族或国家又是互相学习的。在各个文化圈之间也是一个互相学习的关系。这种相互学习就是我们平常所说的文化交流。我们可以毫不夸大地说，文化交流促进了人类文化的发展，推动了社会前进。

倘若我们从更大的宏观上来探讨，我们就能发现，这四个文化圈又可以分为两大文化体系：第一个文化圈构成了西方大文化体系；第二、三、四个文化圈构成了东方大文化体系。"东方"在这里既是地理概念，又是政治概念，即所谓第三世界。这两大文化体系之间的关系也是互相学习的关系。仅就目前来看，统治世界的是西方文化。但是从历史上来看，二者的关系是三十年河东，三十年河西。

人类历史上曾出现过许多文化，欧洲史学家早有这个观点，最著名的代表是英国历史学家汤因比。他在他的巨著《历史研究》里（索麦维尔节录，曹未风等译，上、中、下三册，1986年第5次印刷，上海人民出版社），从世界历史全局出发，共发现了21个或23个文化（汤因比称之为社会或者文明）：西方社会、东正教社会（又可以分为拜占庭和俄罗斯两个东正教）、伊朗社会、阿拉伯社会、印度社会、远东社会（又可以分为中国和朝鲜、日本两部分）、古希腊社会、叙利亚社会、古印度社会、古代中国社会、米诺斯社会、印度河流域社会、苏末社会、赫梯社会、巴比伦社会、埃及社会、安第斯社会、墨西哥社会、尤卡坦社会、马雅社会、黄河流域古代中国文明以前的商代社会（见原书上册，页43）。

汤因比明确反对只有一个社会——西方社会这一种文明统一的理论。他认为这是"误入歧途",是一个"错误"。虽然世界各地的经济和政治面貌都已经西化了,其他的社会(文明)大体上仍然维持着本来的面目。文明的河流不止西方这一条。(原书上册,页45—48)

汤因比在本书的许多地方,另外在自己其他著作,比如,《文明经受着考验》(沈辉等译,1988年第一版,浙江人民出版社)中,提出了一个观点:文明发展有四步骤:起源、生长、衰落、解体。在《文明经受着考验》页10—11,他提到了德国学者斯宾格勒的名著《西方的沉落》,对此书给了很高的评价,也提到了斯宾格勒思想方法的局限性。在《历史研究》的结尾处,页429—430,他写道:

当作者进行他的广泛研究时发现他所搜集到的各种文明大多数显然已经是死亡了的时候,他不得不作出这样的推论:死亡确是每个文明所面对着的一种可能性,作者本身所隶属的文明也不例外。

他对每一个文明都不能万岁的看法是再明确不过的了。

了解了我在上面谈到的这些情况,现在再来看中国文化,我们的眼光就比以前开阔多了。在过去相当长的历史时期内，中国文化对世界文化的发展产生了影响，这是我们的骄傲，这也是一个历史事实。汤因比对此也有所论述，他对中国过去的文化有很好的评价。但是，到了后来，我们为什么忽然不行了呢？为什么现在竟会出现这样崇洋媚外的思想呢？为什么西方某一些人士也瞧不起我们呢？我觉得，在这里，我们自己和西方一些人士，都缺少历史的眼光。我们自己应该避免两个极端：一不能躺在光荣的历史上，成为今天的阿Q；二不能只看目前的情况，成为今天的贾桂。西方人应该力避一个极端，认为中国什么都不行，自己什么都行，自己是天之骄子，从开天辟地以来就是如此，将来也会永远如此。

那么，我们应该怎么办呢？我们东西双方都要从历史和地理两个方面的宏观上来看待中国文化，决不能囿于成见，鼠目寸光，只见片段，不见全体；只看现在，不看过去，也不看未来。中国文化，在西方人士眼中，并非只有一个看法，只有一种评价。汉唐盛世我不去讲它了，只谈十六七世纪以后的情况，也就能给我们许多启发。这一段时间，在中国是从明末到清初，在欧洲约略相当于所谓"启蒙时期"。在这期间，中国一方面开始向西方学习；另一方面，中国的文化也大量西传。关于这个问题，中西双方都有大量的记载，我没有可能，也没有必要一一加以征引。方豪在他的《中西交通史》（华冈出版有限公司，1977年第六版，第五册，《明清之际中西文化交流史》下）中有比较详细而扼要的介绍。我在下面利用他的资料介绍一下在这期间中国文化流向西方的情况。

中国经籍之西传

四书五经在中国历史上有至高无上的权威。如果中国经籍西传，首当其冲的理所当然地就是这些书。明朝万历二十一年（1593年），利玛窦将四书译为拉丁文，寄还本国。天启六年（1626年），比人金尼阁将五经译为拉丁文，在杭州刊印。到了清朝，殷铎泽与郭纳爵合译《大学》为拉丁文，康熙元年（1662年）刻于建昌。殷氏又将《中庸》译为拉丁文，于康熙六年（1667年）和康熙八年（1669年）分别刻于广州及印度果阿。《论语》之最早译本亦出殷、郭二人之手，亦为拉丁文。康熙二十年（1681年），比教士柏应理返回欧洲。康熙二十六年（1687年）在巴黎发刊其著作《中国之哲学家孔子》。中文标题虽为《西文四书解》，但未译《孟子》，名实实不相符。康熙二十六年（1687年），奥国教士白乃心用意大利文写的《中国杂记》出版。康熙五十年（1711年），布拉格大学图书馆出版卫方济用拉丁文翻译的"四书"及《孝经》《幼学》，1783年至1786

年译为法文。卫氏又以拉丁文著《中国哲学》，与上书同时同地刊出。白晋著有拉丁文《易经大意》，未刊。康熙四十年（1702年）。白晋自北京致书德国大哲学家莱勃尼兹，讨论中国哲学及礼俗。现在梵蒂冈图书馆中尚藏有西士研究《易经》之华文稿本十四种，宋君荣曾译《书经》，刘应译《礼记》的一部分。康熙末年，马若瑟节译《书经》《诗经》。康熙四十六年（1707年），马若瑟自建昌府致函欧洲，讨论儒教。雷孝思参加绘制《皇朝一统舆地全图》，对中国古籍亦有研究。傅圣泽有《道德经评注》，为拉丁文及法文合译稿本。他又用法文译《诗经》。赫苍璧于康熙四十年（1701年）来华，亦曾从事翻译《诗经》。

到了雍正乾隆年间，中籍西译继续进行。宋君荣所译之《书经》于乾隆三十五年（1770年）刊于巴黎。他还研究中国经籍之训诂问题。孙璋为后期来华耶稣会神父中最精通汉学者。他所译拉丁文《诗经》附有注解。他又译有《礼记》，稿成未刊。蒋友仁制作圆明园中的喷水池，为人所艳称。他又深通汉籍，用拉丁文译有《书经》《孟子》等书。乾隆时有一个叫钱德明的人，精通满汉文，译有《盛京赋》，并研究我国古乐及石鼓文等，他是西人中最早研究我国苗族及兵学者。乾隆四十年（1775年）在北京著《华民古远考》，列举《易经》《诗经》《书经》《春秋》及《史记》为证。乾隆四十九年（1784年），又在北京刊印《孔子传》，为钱氏著作中之最佳者。此外，他还有《孔子弟子传略》，以乾隆四十九年（1784年）或次年刊于北京。韩国英译有《大学》及《中庸》，又著有《记中国人之孝道》。韩氏可能是19世纪前西人研究我国经籍的最后一人。他的本行是生物学。

从明末到乾隆年间，中国经籍之西传，情况大体如上。既然传了过去，必然产生影响。有的影响竟与热心翻译中国经书之耶稣会神父的初衷截然相违。我在下面介绍方豪一段话：

> 介绍中国思想至欧洲者，原为耶稣会士，本在说明彼等发现一最易接受"福音"之园地，以鼓励教士前来中国，并为劝导教徒多为中国教会捐款。不意儒家经书中原理，竟为欧洲哲家取为反对教会之资料。而若辈所介绍之中国康熙年间之安定局面，使同时期欧洲动荡之政局，相形之下，大见逊色；欧洲人竟以为中国人乃一纯粹有德性之民族，中国成为若辈理想国家，孔子成为欧洲思想界之偶像。（五，页197）

中国俗话说，"搬起石头砸自己的脚"，颇与此相类了。

受中国经籍影响的，以法、德两国的哲学家为主，英国稍逊。举其荦荦大者，则有法国大哲学家笛卡尔等。法国百科全书派也深受中国思想之影响。在德国方面，启蒙时期的大哲学家斯宾诺莎、莱勃尼兹等,都直接受到了笛卡尔的影响,间接受到中国影响。康德认为,斯宾诺莎的泛神论完全受的是老子的影响。莱勃尼兹21岁就受到中国影响。后与闵明我、白晋订交,直接接受中国思想。1697年,莱氏的拉丁文著作《中国近事》出版。他在书中说:"在实践哲学方面,欧洲人实不如中国人。"有人认为,康德的哲学也受了中国哲学的影响,特别是宋儒理学。

中国经籍西传,不但影响了欧洲哲学,而且也影响了欧洲政治。在德国,莱勃尼兹与华尔弗利用中国哲学推动了德国的精神革命。在法国,思想家们则认为中国哲学为无神论、唯物论与自然主义。这三者实为法国大革命之哲学基础。百科全书派全力推动革命的发展。法国大革命实质上是反宗教之哲学革命。法国的启蒙运动,也是以反宗教为开端的。形成这种反宗教的气氛者,归根结蒂是中国思想传播的结果。法国大革命前夕,中国趣味在法国以及整个欧洲广泛流行。宫廷与贵族社会为中国趣味所垄断。而宫廷与贵族又是左右法国政治的集团。则中国趣味对法国政治之影响,概可想见了。

百科全书派把反宗教和鼓吹革命的思想注入所撰写的百科全书中。他们与中国文化有深刻的接触。但因认识中国之渠道不同,对中国的意见也有分歧。孟德斯鸠与卢梭谈的多是欧洲旅客的游记等,对中国遂多有鄙薄之论。荷尔巴旭、服尔德、波勿尔、魁斯奈等等，所读多是耶稣会士之报告或书札，对中国文化多有钦慕之意。孟德斯鸠著《法意》第一卷第一章，给法律下定义，提出"万物自然之理"，主张"有理斯有法"，完全是宋儒思想。服尔德七岁即在耶稣会士主办的学校中受教育，对中国文化无条件地赞赏，在自己的小礼拜堂中，供孔子画像，朝夕礼拜。他认为，孔子所说："仅为极纯粹之道德，不谈奇迹，不涉玄虚。"他说："人类智慧不能获得较中国政治更优良之政治组织。"又说："中国为世界最公正最仁爱之民族。"他还根据《赵氏孤儿》写了一部《中国孤儿》。第德洛对中国有批评意见，但认为中国文化在各民族之上。卢梭承认中国为文明最高古国，但他认为文明并非幸福之表记，中国虽文明，而不免为异族所侵凌，他是"文明否定论者"。中国思想除了影响了上述的哲学家之外，还影响了所谓政治经济学上的"重农学派"。这一学派以自然法代替上帝的功能。他们倡导"中国化"，不遗余力，甚至影响了国王路易十五。英国经济学家亚当·斯密受了法国思想家的影响，在《原富》一书中应用中国材料颇多。

在德国，中国影响同样显著。大文豪歌德是一个突出的代表。哲学家也深受中国思想影响。莱勃尼兹、斯宾诺莎，上面已经谈到。其他哲学家，康德、菲希特、谢林、黑格尔等，都受了莱勃尼兹的影响，也可以说，间接受了中国影响。叔本华哲学中除了有印度成分外，也受了朱子的影响。

中国美术之西传

随着中国哲学思想之西传，中国美术也传入欧洲。欧洲美术史上的罗柯柯时代约始于1760年，即乾隆二十五年，至18世纪末而未衰。此时中国美术传入，产生了显著影响。在绘画上重清淡之色彩。在建筑上力避锐角方隅，多用圆角。在文学上则盛行精致的小品。在哲学上采用模棱两可的名词。这与流行于当时的"中国趣味"或"中国风"是分不开的。

中国情趣表现在许多方面，首先是在园林布置方面。欧洲人认为，中国园艺兼有英、法二国之长。他们说，中国园艺匠心独运，崇尚自然，不像欧洲那样整齐呆板。于是中国式的庭园一时流行于欧洲各国，法国、英国、德国等地都出现了中国庭园的模仿物，遗迹至今尚能见到。

中国绘画也传入欧洲，主要是中国的山水画和人物画，在瓷器上表现最为突出。有一些画家也作有中国情趣的绘画，比如孤岛帆影、绿野长桥之类。据说梵高也学过中国泼墨画。

除了绘画之外，中国用具也流行欧洲。轿顶围的质料与颜色，受到中国影响。中国扇子、镜子传入欧洲。17世纪后半叶，法国能制绸。中国瓷器西传，更不在话下。同时中国瓷器也受到西洋影响。

明末至清朝乾隆年间中国经籍和美术西传的情况大体上就是这个样子。

我现在举一个说明西方人如何看待中国文化的具体例子。我想举德国最伟大的诗人歌德,他的一生跨越18、19两个世纪,是非常关键的时期。他在1827年1月31日同爱克曼谈话时说道:

(中国传奇)并不像人们所猜想的那样奇怪。中国人在思想、行为和感情方面几乎和我们一样,使我们很快就感到他们是我们的同类人,只是在他们那里一切都比我们这里更明朗、更纯洁,也更合乎道德。在他们那里,一切都是可以理解的,平易近人的,没有强烈的情欲和飞腾动荡的诗兴……他们还有一个特点,人和大自然是生活在一起的。你经常听到金鱼在池子里跳跃,鸟儿在枝头歌唱不停,白天总是阳光灿烂,夜晚也总是月白风清。月亮是经常谈到的,只是月亮不改变自然风景,它和太阳一样明亮。……还有许多典故都涉及道德和礼仪。正是这种在一切方面保持严格的节制,使得中国维持到几千年之久,而且还会长存下去。(《歌德谈话录》,朱光潜译,1978年,人民文学出版社,页112)

这是歌德晚年说的话,他死于1832年。他死后没有过多少年,欧洲对中国的调子就逐渐改变了。据我个人多年的观察与思考,这与发生在1840年的鸦片战争有关。在这以前,中国这个天朝大国,虽然已经有点破绽百出,但仍然摆出一副纸老虎的架势,吓唬别人,欺骗自己。鸦片战争一下子把这只纸老虎戳破,真相暴露于光天化日之下。西方对中国的政治、经济,进而对中国文化逐渐贬低起来。他们没有历史观点,以为从来就是这个样子,中国从来就没有好过。他们自己的老祖宗所说的一些话和所做的一些事,他们也忘了个一干二净。随着他们科学技术的发展,政治、经济的发展,环顾海内,唯我独尊,气焰万丈了。

第一次世界大战给他们敲了一下警钟。他们之中的有识之士开始反思。于是出了像斯宾格勒《西方的沉落》这样发人深思的书,可惜好景不长。到了20年代末30年代初,法西斯思潮抬头,把西方文化,特别是所谓"北方"文化捧上了天,把其他文化贬得一文不值。中国人在法西斯分子眼中成了劣等民族,更谈不到什么欣赏中国文化了。不久就爆发了第二次世界大战,比第一次大战还要残酷,还要野蛮。这又一次给西方敲了警钟。西方有识之士又一次反思,汤因比可以做为代表。预言已久的第三次世界大战,始终没有爆发。虽然在全球范围内大大小小的战争从未停止过,大家总算是能够和平共处了。到了今天,人类共同的公害,比如人口问题、粮食问题、污染问题、土地问题等等,一个个被认识得越来越清楚。两个超级大国似乎也认识到,靠武力征服世界的美梦是不现实的,他们似乎也愿意和平共处了。在这样的情况下,人们要怎样来认识西方文明,怎样来认识东方文明——中国文明,怎样来认识文化交流,就非常值得我们注意了。

我在上面提到的英国历史学家汤因比,对中国文化和中国未来的作用有自己的看法。在同日本宗教活动家池田大作的谈话中(见《展望二十一世纪——汤因比与池田大作对话录》,苟春生、朱继征、陈国棵译,国际文化出版公司,北京,1985年),他详细阐述了自己的看法。为了把他的观点介绍得明确而翔实起见,我想在这里多引用他的一些话。汤因比说:

因此按我的设想,全人类发展到形成单一社会之时,可能就是实现世界统一之日。在原子能时代的今天,这种统一靠武力征服——过去把地球上的广大部分统一起来的传统方法——已经难以做到。同时,我所预见的和平统一,一定是以地理和文化主轴为中心,不断结晶扩大起来的。我预感到这个主轴不在美国、欧洲和苏联,而是在东亚。

由中国、日本、朝鲜、越南组成的东亚,拥有众多的人口。这些民族的活力、勤奋、勇气、聪明,比世界上任何民族都毫无逊色。无论从地理上看，从具有中国文化和佛教这一共同遗产来看，或者从对外来近代西欧文明不得不妥协这一共同课题来看，他们都是联结在一条纽带上的。并且就中国人来说，几千年来，比世界任何民族都成功地把几亿民众，从政治文化上团结起来。他们显示出这种在政治、文化上统一的本领，具有无与伦比的成功经验。这样的统一正是今天世界的绝对要求。中国人和东亚各民族合作，在被人们认为是不可缺少和不可避免的人类统一的过程中，可能要发挥主导作用，其理由就在这里。

如果我的推测没有错误，估计世界的统一将在和平中实现。这正是原子能时代唯一可行的道路。但是，虽说是中华民族，也并不是在任何时代都是和平的。战国时代和古代希腊以及近代欧洲一样，也有过分裂和抗争。然而到汉朝以后，就放弃了战国时代的好战精神。汉朝的开国皇帝刘邦重新完成中国的统一是远在纪元前202年。在这以前，秦始皇的政治统一是靠武力完成的。因此在他死后出现了地方的国家主义复辟这样的反动。汉朝刘邦把中国人的民族感情的平衡，从地方分权主义持久地引向了世界主义。和秦始皇带有蛊惑和专制性的言行相反，他巧妙地运用处世才能完成了这项事业。

将来统一世界的人，就要像中国这位第二个取得更大成功的统一者一样，要具有世界主义思想。同时也要有达到最终目的所需的干练才能。世界统一是避免人类集体自杀之路。在这点上，现在各民族中具有最充分准备的，是两千年来培育了独特思维方法的中华民族。不是在半个旧大陆，而是在人们能够居住或交往的整个地球，必定要实现统一的未来政治家的原始楷模是汉朝的刘邦。这样的政治家是中国人？日本人？还是越南人？或者朝鲜人？

池田说：

从两千年来保持统一的历史经验来看，中国有资格成为实现统一世界的新主轴。这一说法，在考虑今后世界问题时，具有极为重要的启示。（页294—295）

这两位著名的国际活动家，主要是从历史上和政治上谈论了中国的和世界的未来，其中也涉及文化。他们的意见，我觉得非常值得注意。至于我自己是否完全同意他们的意见，那是一个次要的问题。重要的是，在目前我们国内有那么一小撮人，声嘶力竭地想贬低中国，贬低中国文化，贬低中国的一切，在这样时候，有像汤因比这样通晓世界历史发展规律的大学者，说出了这样的意见，至少可以使这些人头脑清醒一下。你不是说月亮是外国的圆吗？你们中间不是有人竟认为中国连月亮都没有吗？现在有外国人来说，中国有月亮，中国的月亮也是圆的，而且圆得更美妙了。这一小撮人不是应该好好地反思一下吗？这一些人也许根本不知道汤因比是何许人。但那没有关系。他们最怕外国人，反正汤因比是外国人，这一点是错不了的。对这些人来说，这一点也就够了。我绝非听了外国人说中国月亮圆而飘飘然忘乎所以，把久已垂下的尾巴又翘了起来。中国的月亮也有阴晴圆缺，并不总是亮而圆的。但这是另一个问题。我们目前当务之急是全面地、实事求是地从最大的宏观上来考虑中国文化在世界上已经起过的作用和将来能够起的作用。在这样的时刻，兼听则明，汤因比和池田大作的意见是值得我们深思的。

对于人类文明前途的问题，我也曾胡思乱想过一些。我现在想从哲学上或者思想方法上来谈一谈我的想法。西方哲学或者思想方法是分析的，而东方的则是综合的。这两种方法异曲同工，各臻其妙。这已几乎是老生常谈，没有不同的看法。但是，对于分析的前途则恐怕是仁者见仁，智者见智。首先一个问题是：能不能永恒地分析下去？庄子说："一尺之棰，日取其半，万世不竭。"从理论上和逻辑上来讲，这是毫无问题的。但是，对具体的东西的分析，比如说对原子的分析，能不能越分越细，以至万世不竭呢？西方的自然科学走的就是分析的道路。一直到今天，这一条路是走得通的。现在世界上的物质文明就来源于此。这是事实，不容否认。但是，这一条路是否能永远走下去呢？在这里有两种意见：一种认为可以永远走下去，越分析越小，但永不能穷尽。一种认为不行，分析是有尽头的。我自己赞同后一种意见。至于我为什么赞同后者，我认为，这不是一个理论问题，而是一个实践问题。我自己解释不了，我也不相信别人的解释。只有等将来的实践来解答了。

我觉得，目前西方的分析已经走得够远了。虽然还不能说已经到了尽头，但是已经露出了强弩之末的端倪。照目前这样子不断地再分析下去，总有一天会走到分析的尽头。那么怎么办呢？我在上面已经说过，东西两大文化体系的关系从几千年的历史上来看是三十年河东，三十年河西。现在球已经快踢到东方文化的场地上来了。东方的综合可以济西方分析之穷，这就是我的信念。至于济之之方究竟如何，有待于事物（其中包含自然科学）的发展来提供了。

我从宏观上看中国文化，结果就是这样。希望有识之士共同来讨论。

1989年10月25日写完

中国文化发展战略问题

同志们！今天讲的题目是《中国文化发展战略问题》。同志们回想一下，我们在解放前讨论文化，讨论文化交流，讨论中西文化的差别，有过几次高潮。我的印象最清楚的一次是20年代。当时有人提出全盘西化，有不少人反对，曾讨论过一次"中西文化及其差别"。现在有一位老先生还在世，就是梁漱溟先生，93岁高龄了。他写了一本书，叫做《中西文化及其哲学》，好多同志都知道。可是解放后这情况有了很大变化，年轻同志恐怕很难回想了，年纪大点的同志可以回想起来。我们解放后的文化讨论，据我回忆基本上没有过。这是什么原因呢？据我自己的看法，就是我们受了一个大国的影响。"十月革命一声炮响，给我们送来了马克思主义。"这是不成问题的，我们应该感谢。但是同时也带来了一些教条。同志们知道社会学这个学科非常有用，比方人口问题就属于社会学的范围；劳动问题、劳动就业问题等等，好多问题也都在社会学范围以内。可是一解放，我们社会学这门科学本身好像就反动了，非常滑稽。所以后来大学的社会学系也没了，关了。在同样的情况下，文化讨论也成了一个禁地。现在我们知道苏联是不大讨论这个问题的。所以一直到了十一届三中全会以后，我们中央的政策改变了。大家都感觉到，我自己也认为，十一届三中全会以后我们中央的政策是非常正确的，受到大家拥护。所以过去不敢谈的问题，今天也敢谈了，大家思想真正是解放了。大家现在讲话确实是畅所欲言，这个情况过去从没有过，同志们可以回想。因此今天我们也来谈文化发展的战略问题。

我们目前的情况同志们知道，经济改革已经取得了显著的成绩，这一点国内外没有人不承认的，因为这是事实。我们人民的生活水平有了很大的提高。现在政治改革也已经提到议事日程上来了。下一步，就是要进行精神文明的建设，中共中央已经发了个决议。所以现在全国对文化问题兴趣都很高，有几个城市开过比较大规模的讨论会，比方上海就讨论文化发展。文章发得很多，学会也成立不少。小规模的讨论文化问题的也很多，这种情况确确实实是空前的、非常令人欢欣鼓舞的。我们相信在这种情况下，我们大家来研究这文化发展战略问题是非常重要的。它将来会对我们的社会主义建设起很重大的作用。至于我自己，我不是一个专家，我对文化问题连半路出家都够不上，只在最近看了一些文章，也没看全。在看文章的基础上，有的同志让我谈过几次文化问题，所以现在，我俨然成了一个文化专家了，实际不是这么回事，我不是这一行的专家。我不是故意在这儿客气，我是讲实话。现在我把我自己看文章的结果，考虑过的问题，给同志们汇报一下。我不说是请同志们批评，为什么原因呢？因为请同志们批评就证明你自己认为错了。我并不认为我自己错，我要是认为错的话，就不应该给大家讲，给大家讲就是愚弄大家。我认为我是对的，可是它不一定对。我说是让咱们大家来讨论。

现在我想讲三个问题。原来我写的提纲已经过时了。写提纲时中央的决议还没发表，那时看的文章还不太多。写好了以后，我又用了些功，看了些文章，所以那个提纲基本上不大能用了。今天我讲的跟那个提纲恐怕有很大差别。前一部分差不多，后一部分的差别就很大，先跟同志们讲一讲。今天准备讲的三个问题是：第一，文化和文明究竟是相同在什么地方，不同在什么地方。第二，当前中国社会情况。第三，怎么样开展文化交流，加强精神文明建设，理顺各方面的矛盾关系，促进生产力的发展。

为什么讲这个文明与文化的区别呢？因为我们现在，在我们日常生活里边，在我们报纸上，经常把文化说成文明。那么究竟什么叫文化，什么叫文明呢？同志们查字典也可以查出来，什么汉语字典都可以查。我现在把我的一些想法简单给同志们讲一讲。文化与文明的关系，我在提纲里画了一个图：有两个圆圈、中间是交叉的；一个圆圈是文明，一个圆圈是文化，意思就是文明与文化有一部分是相同的，有一部分是不同的。结果在打印时，两个圆圈都没了，光剩下"文明""文化"四个字摆在那个地方。同志们会觉得很奇怪：这是什么意思呢？意思就是上面讲的。同志们考虑一下，这两个词大概都是我们中国固有的。我们古代有"文明"，古代也有"文化"。同志们你们要查一查《辞源》，旧的《辞源》，不是新的，它里面有解释，什么叫文明，什么叫文化。可是那个"文明""文化"，跟我们今天的"文明""文化"不完全一样。

我问了一下搞日本问题的同志。我说"文明"和"文化"是不是从日本传来的？很多中国古代的词，日本借过去了，到了20世纪初年，我们又从日本借了回来，有好多这种词。我们讲"伦理学"，等等，这"伦理"本来是中国的吧，可是这个词是从日本借回来的。我问他们"文明"和"文化"是不是也是这个情况呢？那几个搞日本问题的同志说"很可能"。中国固有的"文明"和"文化"，意思不一样。日本借了过去，我们又借了回来。这两个词翻的是外文，大家知道是英文，一个是"civilization"，一般翻为"文明"；一个是"culture"，一般翻为"文化"。我说"一般"，可是同志们你们要是细心的话，你查一查英文词典，英文词典是这样注的："civilization""文明""文化","culture"也是"文明""文化"。说明它们有共同的地方,有时很难分别。比方我们现在写一本书,叫《古代文明史》,大家觉得可以,是不是?古代文明嘛!我们换一个词《古代文化史》,行不行?照样行吧!那究竟是怎么回事呢?"文明"和"文化"含义有一部分是相同的。不同的地方,这"文明"是指什么呢?提纲里讲了,它指的是从一个野蛮状态,随着社会的进步往前发展,人类的智慧增加了,这叫"文明"。那"文化"呢?就是人类力量的往前进一步发展,人类社会中的艺术、科学等的智力发展。我想是不是可以这样讲,文明是对野蛮而言,因为原来我们人类在原始时期是比较野蛮的,然后就文明了,文明对野蛮。那么文化对愚昧,就是最初他糊涂,他愚蠢,然后他聪明了,这叫做文化。是不是可以这么讲,文明对野蛮、文化对愚昧。现在我们平常讲话,说开车要"文明礼貌",不能说"文化礼貌",是不是?商店里"文明服务",不能说"文化服务"。比方这个人,原来知识少,要学文化,不能说"学文明"。说这个人有文化,行;说"这个人有文明",不行的。现在我们有文化部,同志问了,你文化部管什么东西呢?比方出版、图书馆,原来电影也管,现在电影分出来了。还有作家协会等组织,凡是文学艺术创作,这都叫文化。联合国有一个组织,叫教科文组织,是指科学、教育、文化。科学、教育、文化既然三个并列，那么文化就不包括科学、教育，如果包括就不能并列。最近我们中央决议里面，也讲到科学、教育、文化，也是这么提的。这种对文化的了解，我给它起个名，叫狭义的文化。狭义就是文学艺术叫文化。可是我们一般写文章，一般讲话讲的"文化"，那范围比这广得多。同志们，你们随便拿一本什么《中外文化交流史》，比方中国同日本，中国同印度，中国同美国，中国同德国，中国同英国的文化交流，那里边什么东西都有。那就是广义的文化。

关于文化的定义，我在一篇文章里看到，全世界给文化下定义，据说有200多个。我们在这儿不搞烦琐哲学，有些定义怎么说也不能恰如其分，它跟自然科学定义不一样。我讲的文化，还有好多同志写文章讲的文化，是广义的文化。广义的文化是什么呢？就是包括人类通过自己的劳动，这劳动包括脑力劳动和体力劳动所创造的一切精神的和物质的有积极意义的东西，这就叫做文化。当然还有别的同志，比如说庞朴同志，他最近在《中国社会科学》上写了一篇文章，叫《文化结构与近代中国》。他这样讲，他说文化"可以包括人的一切生活方式和为满足这些方式所创造的事事物物，以及基于这些方式所形成的心理和行为。它包含着物的部分，心、物结合的部分和心的部分"。庞朴同志的定义也是跟我的理解差不多，是广义的。就是人创造的，不管精神的、物质的，只要对我们人有好处的，我们就叫它文化。比如刚才我们讲的文化史，文化史绝对不是光讲文学艺术。

我在这儿讲的文化战略发展问题的文化也是广义的，包括很多东西，与科学、教育、文化，那种狭义的文化，范围大小不一样。我想，文化与文明的区别，没什么重要，但讲讲有好处，因为你讲文化发展战略，你的文化是什么文化？如果狭义的话，我只能讲文学艺术，别的不能讲。我讲的是广义的，不是我们文化部那个范围的。这第一个问题是不是就讲这么多，因为这不是一个重要问题。

第二个问题讲当前的中国社会情况，因为我们谈文化发展战略，谈任何别的问题，出发点必须是我们眼前的中国社会。我们的社会究竟是什么样子呢？我谈谈自己的看法。人类的整个历史，我看就是生产力发展的历史，最主要的就是生产力发展。

同志们知道，在"四人帮"横行的时候，有一个名词，叫"唯生产力论"。还有什么智育挂帅，业务第一。老的同志知道，我在教育界工作了四十多年，大概好像我就是唯生产力论的典型，所以每次有什么运动，我要检查很容易，先检查智育第一、业务至上，唯生产力论。不然就叫做修正主义。同志们知道，我们中国共产党的八大，八大精神是对的，1956年八大，就讲我们先进的社会制度，跟后进的生产力不相适应。同志们知道那个后果，唯生产力论被批得一塌糊涂。但是今天我们还得讲发展生产力，没有生产力就没有历史，没有生产力的发展，人类过上好日子是不可能的。过去有个误解，建设社会主义，建设共产主义就要吃苦头。在建设过程中间，吃点苦头是难免的，也可能有牺牲，这也是难免的。可是我们建设社会主义，建设共产主义，最终目的是让人类过上好的日子。怎么叫按需分配呢？这个需啊，精神的，物质的，你要什么有什么，这怎么是吃苦呢？原来谁也不敢讲共产主义是让人过好日子的。要讲这句话，恐怕也得给你扣上一顶帽子，叫做修正主义，那不是很滑稽嘛！

同志们回想一下，1883年马克思逝世时，恩格斯在他墓前讲话，讲到：人们首先必须吃喝住穿。一个人哪，一个吃，一个喝，一个住，一个穿，必须有这些东西。当然恩格斯重点讲的主要是马克思发现了经济基础和上层建筑的关系。他开头就说人们必须吃喝住穿。共产主义不是说让人饿着肚子，喝大锅清水汤啊，那不叫共产主义。我觉得这个事情与我强调的生产力的发展有关系。中共中央这个决议，同志们正在学习，这决议里有一句话，归根结底是要促进社会生产力的发展。我认为这个决议是非常英明的。我们精神文明建设，目的也是为了促进社会生产力的发展。没有社会生产力的发展，也就没有共产主义，也就没有社会主义。现在我们中国的情况和国外的情况是个什么样子呢？我在一篇文章里看到这样一种说法，忘记哪一篇了，说今天的3年等于20世纪初叶的30年，等于石器时代的3000年。什么意思呢？就是今天从全世界范围看，科学技术日新月异，你稍一不注意，立刻有新的东西出现了。所以我们应该有一种紧迫感，因为这个跟我以后讲的有联系，我在这里先提一提。今天如果我们3年慢慢腾腾地不动，就等于石器时代的3000年没有动，等于20世纪初的30年没有动，那一定要落后。我们眼前的社会是怎么样的呢？我们眼前的社会也是在那儿急剧变动，同志们都感觉到了，我们现在也是变动得很厉害。

我看到徐惟诚同志在《北京日报》上写了一篇文章，他讲我们现在是有四个变化，是劳动方式在那儿变化，分配方式在那儿变化，交往方式在那儿变化，生活方式在那儿变化，就是说我们这个社会也是不停地在那儿变化，这四个方面都在那儿变化。除了这个之外，我们眼前的社会是什么情况，下边是我自己的想法，不一定正确。就是我们这个社会，封建思想还有影响。大家都承认，封建思想的包袱我们还有。我记得有一次跟一个外国作家闲谈，谈到说"资本主义复辟"，她讲了一句话："你们没有发达的资本主义，复什么辟呀？"她的话恐怕有一点道理，但是不全面。资产阶级的影响还是不能低估的。另外，好多国家的资产阶级在几百年的发展中间，创造了一些好的经验。比方商品经济，讲究效益，讲究效率，讲究管理，这个我们也缺少。换句话说，在某些方面，我们还要对资本主义加以研究，得学它这些东西。现在大家对我这种说法，不会有什么反对的。如果倒退20年，我要讲这么一句话，恐怕起码得批我两个礼拜。说资本主义还要学习呀？你这不是明目张胆地鼓吹资本主义复辟吗？我们有些东西还是要学习的，只要是好的。

我们现在这个社会矛盾很多，我们一个领导同志讲了一句话，这原来恐怕是老百姓讲的吧！说"端起碗来吃肉，放下筷子骂娘"。"端起碗来吃肉"，就说明我们生活好了，有肉可吃嘛！这个事情谁也不能否认。我们现在城、乡各个方面生活确实有改善，这个不能否认，都有肉吃了，这个没问题。那下一句话可真怪了，为什么"放下筷子骂娘"呢？这就很难说了，你吃了肉应该感觉很舒服嘛，肚子有油了应该很舒服嘛，为什么还要骂娘呢？在座的同志我不知道，是不是我们有时也有些牢骚，说些怪话呢？我有时也说些怪话。看了不正之风，有一些方面情况不那么令人满意，也讲些怪话；我倒没骂娘，没那么严重。这就说明现在这个社会有矛盾。有矛盾气就不顺，气不顺他才骂娘哩！气顺的话骂什么娘呢？应该理顺一下，让它顺当。"理顺"这个词过去不大多见，我觉得这个词非常好。就说我们现在不顺，才需要来理顺，理顺了，就用不着再理了。根据我自己的解释，之所以"放下筷子骂娘",就是上面我讲的新矛盾的反映。怎么讲呢?比方现在大家讨论很多的,大家最不满意的是"不正之风",要举例子多极了,说是什么"服务态度不好""高干子弟怎么怎么样了""一个人说了算怎么样了",又是民主不怎么样了,法制不怎么样了,那意见多极了。还有人说我们不尊重人才,不尊重知识,不讲效率,不重视时间,这种弊病多极了。我觉得,有的意见说过了头,不符合实际情况。其中有的也是正确的。

从前我在一本书上看到,西方的人讲过这么一句话,这句话可以供我们参考。他们讲什么呢?他们讲:"世界上所有的人都害怕时间,时间唯独害怕东方人。"东方人包括中国、印度、阿拉伯、伊朗这些人。我觉得这句话里边有一部分真理,"时间"这个概念,咱们到今天恐怕还不是那么很重视。我们现在知道,时间就是生命,效率就是金钱。我们也讲,可实际上呢?我们做的时候还是不行。现在我们这个社会上,包括不管在哪个单位,好多做法都是浪费时间。我还看了一篇文章,里面说一个人一生平均大概有60万个小时。那么你要浪费一个小时就浪费60万分之一。时间对人来讲不是无穷无尽的。你不珍惜时间,什么事情也做不了。可是我们现在对于时间,普遍的现象是不那么重视。

总而言之,我的意思只是想说,我们现在这个社会好的方面我们不能否认,十一届三中全会以后,我们国家的政治形势,人民的情绪那是向上的,这个你无论如何否认不掉。生活有提高,当然也不能说我们十亿五千万人口生活都提高了,也不能那么说,还有极少数是有困难的,我们讲实话。可绝大部分都提高了。我们今天社会有好的方面,这不成问题。可我们今天社会,还有很多不好的方面,我们决议上怎么讲的呢?就是《中共中央关于社会主义精神文明建设指导方针决议》上是这么讲的:党内和社会上一些严重的消极现象还有待于我们用很大的努力去消除。"严重的消极现象",我体会刚才讲的都包括在这里边,是不是?党中央的决议并不是说我们现在的社会已经完美无缺,十全十美,好得不得了啦,不是这个意思,消极现象有而且还是严重的,不是一般的,就是说我们得承认这一点。不承认这一点的话,我们往前进就很困难。我现在讲的东西,跟我们要讲的文化发展战略有关系,你要摸不清我们现在所处的社会究竟是什么情况,优点在什么地方,缺点在什么地方,你如果不讲的话,你谈文化发展战略就没有根据。你知道你为什么发展吗?向哪个方向发展吗?我们先要把我们整个的情况,一个世界情况,一个中国社会情况摸清楚,然后才能谈到这个文化发展的战略问题,要不然没法谈,谈的话也是空的。所以现在我就简单地把前边两个问题讲一讲,一个就是文明和文化的同和异在什么地方,第二个就是中国当前的情况，里边包括世界的情况。

今天主要讲的是第三个问题，第三个问题正是我那个提纲里边基本上没有的问题。第三个问题就是怎样开展文化交流，加强精神文明建设，理顺各方面的矛盾关系，促进生产力的发展。前边那三个是为后边这一个服务的，目的是为了促进生产力的发展。我为什么专讲文化交流呢？文化发展的战略问题难道就是一个文化交流吗？当然不是。现在文章多极了，我自己认为，在我们中国的今天，要讲文化发展战略，其中一个很重要的内容，一个非常重要的内容就是文化交流，这是我的想法。因此，我着重讲这个内容，我并不是说，除了文化交流之外，文化发展战略就没了，不是这个意思。今天我们中央的政策，我们中央的领导人屡次讲"对外开放，对内搞活"。我刚才说了，这个政策非常正确。专从文化方面来讲，我那个提纲上有，我提出了三句话："开放开放再开放，拿来拿来再拿来，交流交流再交流。"这里边没什么深奥的意思，只是想强调，我们要开放，要拿来，要交流。就是强调这几点。

讲到文化和交流，恐怕我们要回顾一下历史。我自己的看法，世界上任何民族，不管是大民族，不管是小民族，从它有历史那一天开始，就是文化交流的历史。同志们可以设想，原始时代那些小的部落，也要交流。比方这个部落里边发现了一个什么东西能够吃，什么草能够吃，就传到另外一个部落。比方这个部落里拿块石头可以做工具，那么可能就传到另外一个部落。总之这种事情，从人类历史一开始，就是文化交流。就说我们现在吧，在座的同志，从头顶到脚下，你们检查检查，哪一件不是文化交流的东西？头发是这样吧，前清时不是梳辫子吗？现在我们头发怎么变成这个样子了？你穿的衣服不是长袍马褂？长袍马褂也不是黄帝老子传下来的东西。你手里拿的钢笔是中国的吗？你穿的裤子是牛仔裤、喇叭裤，下边是皮鞋、尼龙袜，戴的是眼镜。在座的同志你们自己考虑考虑，从头到脚你们离不开文化交流，离了文化交流你现在的生活寸步难行。你出去骑自行车，这不是交流来的？坐汽车，不是交流来的？我眼前摆的这些玩意儿，什么扩音器之类，不都是交流来的吗？我说文化交流从人类一开始就有，而且是离不开。现在好多东西，我们不考虑则已，一考虑就这样子，从头顶到脚底都是交流来的。比方我们现在吃面包，喝啤酒，大家知道"啤酒"这个字不是中国字，我们抽纸烟，烟也不是中国固有的；喝咖啡，坐沙发，喝可乐，这不都是交流来的？哪个是我们的？有些东西同志们不知道它，比方胡萝卜，大家一听"胡萝卜"，这个"胡"字就说明这不是中国的。拉胡琴，"胡"是外国的，吃洋葱，吃西红柿，洋柿子，这大家都知道。同志们吃的菠菜，天天吃，你知道这菠菜是哪国来的？

这菠菜"菠"的本身就是音译,不是意译。它叫菠薐,菠菠菜,是印度、尼泊尔那一带产生的。你只要追究起来,我们的生活离不开交流。那我们的想法是不是也有交流来的呢?咱们以后再谈这个问题。

我刚才讲了我们拿来了外国的物质的东西,当然也不是说,我们都学外国,我们中国什么东西都没有了,哪是那么回事呢?大家知道中国的四大发明,这个纸是中国先发明的,当然后来人家改进了,是不是?火药,是不是?罗盘,是不是?那多了。另外,我们的丝,我们的茶叶,我们的印刷术,那多极了。所以说中国是很伟大的民族,我们对世界文化,对世界文明,做了很大的贡献,这个什么时候你也不能忘掉,外国人也不能不承认。可另外一方面,我们也接受别的国家的,所以这才是"交流"。如果光抄别人的,那不叫交流,如果光给别人,也不叫"交流"。所以现在哪个民族也不能讲,这个文化是我们这一个民族创造的。哪个民族也不能这么讲。如果这么讲的话,只有法西斯,德国法西斯,希特勒,他们讲。他们是什么Nordic人种,那种人是世界文化的创造者,我们这种人是文化的破坏者。法西斯是骗子,是疯子。脑筋正常的人是不会那么讲的。世界民族,不论大小,都对人类共同文化做出了贡献,当然贡献不完全一样。我刚才讲了,中华民族是一个很伟大的民族,我们有很伟大的贡献,这个你不能否认。

最初，文化交流大概由于交通工具和地理知识限制，有限度。过去石器时代，你出去走路能走多远呢？可是随着历史的前进，交通工具一天比一天好，是不是？我曾经开玩笑，我说唐僧取经，从中国到印度，走了三年，现在五个小时到印度，唐僧当时他能相信吗？没人相信。地理知识一天一天扩大，因此，交流也就一天比一天频繁，越来越频繁，所以现在我们这个交流快得不得了。平常我对这个事情不大注意，前几年我看见的是喇叭裤，下边一大块；现在我一看没了，又瘦又尖，成了牛仔裤了。这怎么来的呢？喇叭裤不是中国的发明创造，牛仔裤也不是中国的发明创造，都是外国来的，而且变得很快。穿衣服恐怕变得最快，特别在我们这些青年同志身上最快，我们这些老头子看不出来了，反正几十年一贯制。我的意思就是说，历史越往前进，交流越频繁，交流的内容越深刻、越多。

那么我们现在看看，古代的我不想讲它了，就是从鸦片战争以后，从1840年以后，我们中国近代史开始，我们这个国家同外国的来往，究竟是个什么情况呢？因为这个跟我们以后讲的有关系，所以必须说一说。我们现在讲中国近代史，有一本书，一个洋人写的，叫《剑桥中国晚清史》，他讲了一句：中国近代史，就是从鸦片战争以后，"从根本上说，是一场最广义的文化冲突"。文化冲突，中国文化和西洋文化的冲突。这是讲历史的内容。当然他这个意见，不是他一个人讲的，说这话的很多。就说我们近代史，不管是政治方面、经济方面，都体现了东西两种文化的冲突。陈独秀他也讲过："欧洲输入之文化与吾华固有之文化，其根本性质极端相反。数百年来，吾国扰扰不安之象，其由此两种文化相接触相冲突者，盖十居八九。"陈独秀最初是写文言文的。他的意思就是说中国文化跟西方文化不一样，很不一样。他这个"数百年来"，就不限于鸦片战争以后了，甚至可能包括明朝末年，什么利玛窦、南怀仁那一批人到中国来，结果弄得我们国家扰扰不安，老出事，是不是啊？出事原因，他就说是两种文化相接触、相冲突，结果产生了这么一种后果，搞得社会不安，看来他的这种意见恐怕还是对的。我们研究中国近代史，过去我们总是以阶级斗争为纲，阶级斗争也是存在的，不能否认，是不是？可是你以文化冲突做一条线，也未始不可。用这一条线来研究中国近代史，也有道理。不论经济、政治，是不是？我们的近代史从1840年鸦片战争开始，后来太平天国，后来什么甲午战争，什么各种各样的动荡，这是从政治上来讲，都是两种文化冲突的结果。从经济上来讲，我们旧的那种自给自足的农村自然经济被欧洲的商品经济给破坏了。我这个年龄的人，年轻时候还感到了它的破坏。原来我们在家乡吃白面都是自己用磨来推的，弄一头牛、一头驴来推磨；穿衣服是自己织的布。后来我们叫"洋面"，现在叫面粉，就不是中国面，而是机器大生产的结果，这种洋面慢慢地、慢慢地就把农村那个面压倒了。农村的织布机现在根本就没了，早就没了，在我小的时候，10岁的时候还有。所以说中国经济、农村那种自然经济被欧洲的资本主义经济破坏了，对农民的生活产生了很大的影响，这个也是东西方两种文化冲突的结果。思想上也可以看出来，有两种文化的冲突。我们讲中国近代史，实际上还可以再远一点，从明末讲起，像陈独秀讲的这个"数百年来"，就是东西方两种文化冲突造成了、构成了我们中国的近代以前一直到近代的历史。就是这么个情况。那么我们讲近代史也可以是讲近代史里边的东西方文化又冲突又汇合的一种表现——文化交流。文化交流在这里边是一种什么情况呢？从1840年到现在146年，就算150年吧，是一个什么情况呢？实际上讲到五四运动就可以了，因为五四运动以后是另外一码事了。也可以说是从1840年到1919年，这样的话就是80年。80年从文化交流的情况来看，有这样几个问题。

你讲文化交流，交流的内容是什么东西呢？我看了一些材料，三分法占主导地位，一直到今天仍然如此。有一个人，是19世纪下半叶的，叫曾康，他写了一本书，叫《翼教丛编》。他是拥护孔教的，翼教，教也者，指孔老夫子之教也。他当时是比较右的，比较落后的这么一个人。他是从什么地方讲的呢？"变夷之议，始于言技。继之以言政，益之以言教，而君臣父子夫妇之纲，荡然尽矣。""变夷"，就拿中国来把外国人改变。他分三个层次，一个是"技巧"，技工的"技"，这是第一个层次；第二个层次是政，政治的"政"，他指的是政治制度，跟技巧不一样了；第三个是教，不是教育，而是教化，是上层建筑的东西。分三个层次"技、政、教"，从物质的一直到精神的，中间经过政治制度。到了1916年，陈独秀写了一篇文章，叫《吾人最后之觉悟》。1916年，那时候还没有五四运动，五四运动是1919年。他这里边也分了三个层次，第一个叫"学术"，学术指的是这些东西：西教、西器、火器、历法、制械、练兵。历法是从前的皇历，现在咱们的月份牌。这第一个层次，叫学术，学术意思就包括这些东西。第二个层次叫"政治"，指的是政府的制度。第三个层次叫"伦理"，就是自由、平等、独立，也是属于精神方面的东西。他这三个层次跟曾康基本一样，从物质最后到精神，都是这个样子。到了1922年，梁启超写了一篇文章，叫《五十年中国进化概论》，他怎么讲的呢？他说近50年来中国人渐渐知道自己的不足。他的意思就是说，从1922年算起，50年以前，中国人对自己的不足不知道，大概从1870年算起吧，渐渐知道自己的不足。他感觉到中国跟西方交流分三个时期，也是三个层次。第一个叫器物，瓷器的"器"，物质的"物"，就是物质的东西。第二个叫制度，意思一样。第三个叫文化根本。你看梁启超也是分三个层次，而且内容跟曾康、陈独秀一样。他们三个人都是从物质到精神。这说明什么呢？就说明我们在鸦片战争以后，同西方来往，同西方进行文化交流，大概就是这么三个层次。从物质到精神，从低级到高级。

这个意见看起来是能够成立的。为什么原因呢？因为我们现在看一看，中国同别的国家文化交流的历史多极了。中国同印度、朝鲜、越南交流；同日本、美国、英国、德国也都交流。大概一般讲起来，开始总是从物质开始，而不是精神的。物质，比方说吃的东西、喝的东西、穿的东西，这个很具体。拿来以后就能吃，能用。我现在还想给同志们讲一个我自己正在搞的课题。我们现在吃糖，白糖、红糖，这糖不知同志们考虑过没有，每个人天天吃，可是糖的背后有人类一部很复杂的文化交流的历史。咱们中国过去不吃白糖，甘蔗有，没有白糖。最初我们叫糖的东西，在汉朝是关东糖，麦芽做的。糖是物质的东西，这物质的东西一旦产生、一旦制造出来，它就流遍全世界，因为每个人吃糖都很满意，很甜、很舒服，很容易学，也用不着思想斗争。我的意思就是说，文化交流开始的时候一般总是从物质开始的。因此这个三分法是有道理的，为什么三个人都一样，是不是抄袭？不知道，也许是独立思考，达到的结论都一样。这三个人一点没区别，就说明这个东西是接近真理的。到了现在，我们这儿还有研究这个问题的。我刚才说的庞朴同志，上面我谈到他在《中国社会科学》上写了一篇文章，叫《文化结构与近代中国》。庞朴同志分析这个问题，也是分了三个层次。他叫什么呢？第一个叫物的部分，事物的"物"。物的部分指的什么东西呢？他讲物的部分就是指被马克思称之为"第二自然"的。这是第二自然，不是第一自然，就是对象化的劳动，就是用劳动制造什么东西。对象化的劳动，指物的部分。这是第一。第二个层次是心物结合的部分。心和物结合，这里边指什么东西呢？指的就是自然和社会的理论，社会组织制度，等等。第三个层次呢？是心的部分。物、心物、心，这么三个层次。心的部分，叫核心层，指核心，最中间的，这里指什么东西呢？这里指的价值观念、思维方式、审美趣味、道德情操、宗教情绪、民族性格，等等，这是心的部分。他这三个层次跟上边讲的也一样，从物到心，中间有一个过渡，过渡就是制度，上边几个人讲的都是制度。这是文化交流的内容方面，有这么三个层次。大概第一个层次最容易交流，这是没问题的。同时，这三个层次还代表三个时期，就是从1840年到1919年，这80年中间，这三个层次代表了三个时期。这物的部分呢？就是自鸦片战争到洋务运动，到甲午战争。在这个阶段上，中国人就说"师夷之长技"。师,以他为老师,学习夷人。夷,外国人。学习外国人擅长的技术,船坚炮利,造大炮,造战船。第二个层次是第二个时期,就是甲午战争,戊戌变法、辛亥革命。戊戌变法,要改变这个制度,要搞君主立宪,这是制度嘛!辛亥革命大家也知道,它也有它追求的政治上的理想,就是废除君主制度。这是第二个层次。第三个层次呢?心的部分,就是我刚才说的价值观念、思维方式等等,这是从辛亥革命到1919年五四运动。五四运动是在文化深层进行反思,现在不是有一个名词,一个常用词吗?叫做反思,自己来思考。五四运动是最清楚的了,当时讲的五四运动要两种东西,一种德先生——德谟克拉西——民主。一种赛先生——赛因斯——科学。要民主,要科学。反思,怎么反思呢?就是我们过去没民主,反思的结果要这个东西。所以我看这个说法是有道理的。文化交流的三个层次,三个层次代表三个阶段,就说明我们清朝末年的中国人一直到民国以后的中国人,都在那儿考虑这个问题,向外国人学习什么东西,考虑结果就这三个阶段。一个阶段比一个阶段提高,发展是非常自然的。

刚才我介绍了几个文化交流内容的三分法,还有另外一些三分法,如周一良同志在《光明日报》1986年6月24日"史学"上写过一篇文章,叫《我对中外文化交流史的几点看法》。他也是三分法，不过他这个三分法跟前面说的几个不一样。他分三个层次，第一个叫狭义的文化，狭义的文化指的是哲学、文学、美术、音乐以至宗教等，主要是与精神文明有关的东西，这叫狭义的文化。第二个叫广义的文化，指政治、经济。政治指典章制度，经济指生产交换，以及衣食住行，婚丧嫁娶、风俗。里边包括生产工具、服饰、房屋、饮食、车船等生活用具，这叫广义的文化。第三个叫深义的文化。狭、广、深，三个层次。深义的文化是在狭义、广义互不相干的领域中进一步综合、概括、集中、提炼、抽象、升华，得出一种共同的东西，一个民族文化中最为本质、最有特征的东西。他举了个例子，拿日本来讲，说日本喜欢苦涩、闲寂、简单、质朴、纤细、含蓄、古雅、引而不发、不事雕饰。周一良同志发表在《光明日报》上的文章讲的也是三分法。除了这些之外，也有四分法，台湾有一个学者叫余英时，他把文化交流分为四个层次，第一个层次是物质，这跟三分法一样；第二个是制度，也跟三分法一样；第三个层次是风俗习惯；第四个层次是思想与价值。好像是第一等于三分法第一，第二等于三分法第二，第三、第四等于三分法第三，好像是这么一种情况。

现在跟同志们谈几个问题，就是在19世纪后半叶到20世纪初叶，跟文化交流有关系的三个问题。当时人们感觉到不向外国学习不行了。他们虽有这个感觉，但总是认为，向外国学习，只能学习物质的东西。精神的东西还是中国的好。他们思想向外国学习，但总放不下架子，总还想"精神胜利"。因此就产生了三个问题。第一个叫本末问题。中国四书中的《大学》有这么几句话：物有本末，事有终始，知所先后，则近道矣。总的意思就是说：物有本，有末。本是根本，末是末梢。这个问题什么意思呢？"德者本也，财者末也"。伦理道德是本；财，物质的东西是末。他们这个意思无非是说，西洋的东西是末。当时最羡慕的是船坚炮利，为什么船坚炮利呢？因为跟洋鬼子打仗打不过他们老吃亏，后来就感觉到，说他那个船比我们厉害，他那个炮比我们厉害，我们首先学这些东西，非学不行，因为咱们那个大刀片打不过洋枪洋炮。可是他们认为这是末。本是道德。我们中华帝国虽然末不如你，可是道德比你高，实际上反映的是"精神胜利"。他们这一个本末，中国为本，西方为末。后来郭嵩焘，同志们知道他是晚清时候一个比较著名的外交家，他有他的看法，他说：西洋立国，有本有末。他说西洋人家本国也有本有末。什么叫本呢？什么叫末呢？其本，在朝廷政教，政治教化；其末，在商贾做生意、造船、制器，这是他们的末。郭嵩焘的看法比一般人好像要高了一层。一般认为，西方没有本，只有末，他们不知道别的，只知道船坚炮利，能造得好船，铸得好炮。郭嵩焘呢？他说人家也有本有末。这个问题就是我刚才说的，它反映了什么呢？就反映了当时清朝有那么一批官僚，他们感觉到非向西方学习不行，可是心又不甘，不甘心，所以只好说：我是本，你是末。鲁迅讲的阿Q精神就是这类的东西。

第二个是体用问题，一个体，一个用，跟上边那个差不多。体是主体，这个很清楚，中学为体，西学为用。说我们中国的文化、教育、学术，这是体，这是基本的。说你们那套东西不是体，而是用，是为我所用的。这个体用问题大概同志们知道，在19世纪鸦片战争以后，在清朝一些官僚中间，有过长期的争论。长期争论的结果大体上还是中学为体，西学为用。它反映的情况跟第一个差不多，不得不学，可又不甘心学，不敢于承认自己不行，结果我是为体，你是为用。严复，同志们知道严又陵，翻译《天演论》的，他对这个有点意见，他讽刺了。他怎么讲呢？他说："有牛之体，则有负重之用。"说有牛这个体，用来负重，可以驮重东西。"有马之体，然后有致远之用。"就是说可以骑着马到很远的地方去。这是它的用，这个不成问题。他说"未闻以牛为体以马为用者也"。他这个话讲得很俏皮，他是反对那个想法的。他说你以中国为体，以西方为用。你以牛为体，以马为用，是不可能的。马有马的用，马有马的体；牛有牛的用，牛也有牛的体。总而言之，这个问题也体现了当时官僚们的思想活动。现在这个问题还在那儿提,我听说李泽厚同志就讲,以西学为体,以中学为用,发表在《群言》上。是不是在《群言》上发表过?(好像发表过)我没看过他的文章。他讲西学为体,中学为用,有些人纷纷起来反对。这是与文化交流有关的第二个问题,叫体用问题。

第三个问题是夷夏问题。夷是洋人,夏天的"夏"是中华民族,外国人和中华民族的关系问题。这个也很简单,怎么叫夷夏问题呢?魏源是当时一个思想很解放的,也可以说是先进人物吧,他有一部书叫《海国图志》,是在鸦片战争前后写出来的,很大一本。同志们有兴趣翻翻这部书,非常有意思。当时19世纪中叶距今一百四五十年前,他介绍了外国的好多东西,有些方面,我想我们今天还未达到这个水平。他介绍了好多书,好多情况,说美国跟中国通商,美国一年赚多少钱,输出多少东西,输入多少东西,都写得清清楚楚。现在如你要想了解这些情况,可能还有困难。我们与美国经济关系那么密切,可是有些数字,我是不知道的,也许搞经济的同志知道。当时19世纪中叶,那时候一些先进人物写了好多书介绍外国,都是非常详细的,包括地理、经济等各个方面。他们把英国的船只,包括多少战舰,都写得详详细细。魏源这本《海国图志》非常有趣,他这个人应该说是一个很开明、很先进的人物,可是他主张什么呢?他主张我们跟外国文化交流"以夷治夷"。同志们知道这个词。鲁迅写文章有时也讲到"以夷治夷",用外国人治外国人,打外国人的牌。这夷夏问题就是这么个问题,究竟是夷——外国人改变中国呢?还是中国人改变外国,以夏变夷,用中国来改变外国。他们主张什么呢?他们主张:我们学习外国的东西,可以学习,而且非学习不行,船坚炮利;可是我们不能让它把我们化过去,说伦常名教,中国的伦常名教是不能变的。

以上这些问题都是很复杂的问题,什么本末问题呀,体用问题呀,夷夏问题呀,因为时间关系,我只能给同志们在这里简单讲讲内容。虽然这三个问题名字听起来不一样,实际上表现的心情则是一致的,就是要学习,而又不甘心。我们天朝大国,我们有我们的好东西,就是学你们,你们也没有什么了不起。

当年有一个英国女王,不是伊丽莎白二世,而是伊丽莎白一世,她在位时正是明朝末年。当时伊丽莎白一世写了一封信给中国明朝的皇帝万岁,目的是要求通商。英国是殖民主义国家,它要通商。这位英国女王说是没得到答复,当然没得到答复了。当时那个皇帝,他是天朝大国,中华帝国,地球的中心,一点也瞧不起英国。从前流传着很多笑话。外国人来要求通商,我们天朝大国皇帝不懂,大臣也不懂,一定说人家来进贡。到了北京的话,一定要洋人三跪九叩。那洋人是不磕头的,可是到了北京，不三跪九叩就不行，闹了很多笑话，多极了。这就说明鸦片战争以后，实际上我们的力量已经不行了，可是天朝大国的架子放不下来，而且很愚昧，世界什么情况都根本不懂，一点不懂，出了很多笑话。实际上本末问题，体用问题，夷夏问题，都跟这个类似。当时有一些人是出过国的，如郭嵩焘，他就出过国，他不是土包子。可是到了外国看一看，看的也不是根本。不过当时还有一部分人，脑筋比较清楚。怎么叫脑子比较清楚呢？他们认为西洋除了船坚炮利之外，还有一些东西值得我们学习，所以西洋不光有物质的东西，不光是第一个层次。这在当时就不得了了。如康有为就讲过，他说欧洲对人民施行仁政。我们今天看，当然也不会真正是仁政，康有为看的也不对了。他又说："法律明备。"意思是说欧洲法律很明确，很完备。"政治修饬"，政治很好。"彬彬翕翕，光明妙严工艺之精美，政律之修明，此新世之文明乎！诚我国所未逮殆矣。"意思就是说，在欧洲政治、法律、社会风气都很好，我们中国赶不上的。他甚至这样讲，我们应该"折节而师之矣"。我们应该把人家当老师。所以说康有为这个人毕竟还是有脑筋的。当然除他之外，也有别人，刚才讲的郭嵩焘，还有薛福成等人。郭嵩焘这个人有他不清楚的一面，糊涂的一面，也有他清楚的一面。薛福成在他的日记《出使英法意比四国日记》里面，光绪十六年三月十三日，他写道：郭筠仙侍郎，就是郭嵩焘，他回来当侍郎啦，是副部长，"每叹羡西洋国政、民风之美"。在外国当了几年公使，回国以后老讲，西洋的国政、民风非常美。"至为清议之士所抵排。"他这么讲话，当时好多人骂他。用"四人帮"的名词，就是里通外国、崇洋媚外。大概郭嵩焘也被扣上了这么些个帽子。另外还有个李圭，他在《环游地球新录》这一本书中说到机器造纸。他讲造纸本来是中国发明的，可是机器造纸是西方搞的，所以造的纸非常好。另外他还讲那些人都非常之敏捷、爽快、通达，不执滞。常看他们做事，头绪纷繁，问题很多，可是转瞬间，就把一切问题都弄好了。可见李圭对欧美人也是赞美的。不多举例子了。这些例子说明什么呢？就说明19世纪后半叶，就在那三个层次中三个问题：本末问题、夷夏问题、体用问题闹得乌烟瘴气的时候，当时还有不少人脑筋是比较清楚的。他们说洋人好的地方，不仅是船坚炮利，人家的风俗习惯，办事的效率、法律也比我们强，不是都糊涂的。

现在，我想既然讲到这地方，是不是讲一讲东西方文化究竟有什么差别。这个问题也是一个大问题，光讲这个问题，恐怕半天也讲不完。东西方文化，大家都感到有差别。为什么讲这个问题呢？要不讲这个问题的话，我们下边讲我们拿来，究竟拿什么东西呢？拿来，拿好的啦，是不是？我们好的东西要发扬，我们不足的地方要改正,要拿外国的好东西来。当然要分清楚东西方优点何在？差别何在？关于这问题的文章多得不得了。有一些我就不讲了，我只举一个例子，就是李大钊同志。李大钊讲过东西方的差别，严复也讲过差别。同志们要看的话，可以看民盟中央出的一个刊物叫《群言》。《群言》就是大家来说话，是1986年第5期，上面我写了一篇短的文章，叫《交光互影的中外文化交流》，我在那里引了严复谈中国跟西方究竟有什么差别，在这里我就不讲了，可以看一看那篇文章。现在我讲一讲李大钊同志。他讲东西文明有根本不同之点，首先是根本不同，东洋文明主静，西洋文明主动，一个动，一个静，这是一点。东方是自然的，西方是人为的；东方是安息的，西方是战争的；东方是消极的，西方是积极的；东方是依赖的，西方是独立的；东方是苟安的，西方是突进的；东方是因袭的，西方是创造的；东方是保守的，西方是进步的；东方是直觉的，西方是理智的；东方是空想的，西方是体验的；东方是艺术的，西方是科学的；东方是精神的，西方是物质的；东方是灵的，西方是肉的；东方是向天的，西方是立地的；东方是自然支配人间的，西方是人间征服自然的。李大钊同志举了这么多差别，严复也讲了很多。总之是东西方文明不一样。这些意见是不是都是正确呢？也不一定。刚才一开始我讲20年代讲到东西方文化及其哲学，梁漱溟老先生他有他的看法,甚至印度泰戈尔,那个大诗人,也有他的看法,我说不一定都正确。可是大体上,第一个我们得承认东西方有差别,第二个人家的好处我们要学习,我们的好处要发扬。李大钊同志的文章叫做《东西文明之根本异点》,就是根本不同的地方,同志们可以参考一下。他讲了很多,刚才念了一下。所以我想我们把东西文化中间的不同,把它搞清楚,对我们将来讲"拿来"有好处,要不然你不知道拿什么东西。

现在我就来讲我们的主题"拿来",就是鲁迅的"拿来主义"。就是把外国的好东西"拿来"。究竟拿什么东西呢?我做了一点研究,我的意思就是这三个方面,这三个层次都要拿来。我现在就拿庞朴同志的三分法来看一看。

庞朴同志讲的"物"的部分,这个我们当然要拿。刚才我们说的这咖啡、这沙发、这啤酒、这牛仔裤和喇叭裤,这一系列的东西,只要好的,我们都拿。这是第一部分,在物的部分里边,只要好的,我们都拿,而且这个比较容易。有个很奇怪的现象,一个什么现象呢?最近才想到,就拿啤酒来讲,听说几年来,北京啤酒老是供应不上。别的地方也有这个问题。我就很奇怪,我小的时候,没人喝啤酒,我小的时候连西红柿都没有,现在这么流行。可前几年,听到好多人讲,啤酒的味道跟马尿一样。你说啤酒是怎么好,也不敢说,反正我喝啤酒时间也不少了,我一直到今天也不敢欣赏这啤酒，我也喝。特别是可口可乐，我更不知道优点何在。喝我也可以喝，反正不是毒药，我都敢喝。可是为什么前几年说啤酒是马尿，现在竟然供不应求，买不上呢？为什么原因呢？同志们可以研究研究，非常有趣。一般讲起来，人的口味不大容易改变，四川同志你不让他吃辣，恐怕很难；山西同志不让吃酸，也很难。可为什么啤酒就能征服我们，从"马尿"到供不应求，这究竟是什么心理，值得研究。我在日本也有个观察。同志们知道日本过去吃大米，那现在呢？你到日本看得很清楚，老头还是喜欢吃大米，年轻人吃面包，什么"热狗"啊，他们都吃。现在咱们中国也有"热狗"了。日本"热狗"和面包多极了，都吃这个。有人还有理论，有什么理论呢？他说吃米的人长得个矮，吃面的长得大，个子高。而且还讲，从历史上来看，都是吃面的征服吃米的。各种"学说"都有。现在日本年轻人确实长得个子高。不过我们现在年轻人个子也高，现在中国人年轻人长高，也并不是什么遗传。同志们你想一想，我们社会上有好多父亲母亲不高，儿子女儿高得不得了。这个原因对我们来讲很简单，就是我们今天这个社会，确实对青年发育有好处，他思想负担没有了，父母打人的比较少了，物质条件好了，他的个子怎么不长呢？当然长了。在日本有人讲，他是吃面吃的，个子高了；他父亲祖父是吃米吃的，个子很矮。原因究竟何在？反正我觉得值得研究。口味问题非常有趣，特别是啤酒、可口可乐，我不理解，我也喝。你说让我赞美它，我也不赞美；我也不说它是马尿，也没那么严重。这都是闲话，总而言之，第一部分，物的部分，好的我们拿。

第二部分心物结合的，比方说制度，制度我们也可以学习。比方我们现在的全国人民代表大会、全国人民政治协商会议，这当然不是我们抄哪一国的，可是也不完全是中国的，我们发展了。现在我们公司里也有自己的管理制度；我们明确提出，我们的管理制度有的不好，我们要学习外国的。一般讲起来，最困难的是心的部分，精神的，这个最困难。在这一部分里我们拿什么来呢？比方说是价值观念，这个恐怕很难拿，思维方式，这个也很难拿。审美趣味，我看倒是不难拿的。刚才讲的，喇叭裤一来，全都是喇叭裤了；唰地一下子一变，又都是牛仔裤了。这不是审美趣味吗？有人告诉我今年流行的形式是金字塔式，是这样一个形式，颜色是黄的，我没到大街上去观察。据说审美观念每年都不一样。而且这审美观念好像在全世界有一个指挥棒，现在的指挥棒好像是法国。原来中国的指挥棒是上海。鲁迅讲这个讲得很有意思，他说，妇女的穿着，其指挥棒是在旧社会的妓女手中，只要她们一穿，别人都来学习了。我觉得审美趣味拿来并不难，一下子就改变了。道德情操，这就困难了；宗教情绪、民族性格、价值观念,我看改变这些,也很困难,下面还讲这个问题。

我们今天讲文化交流,讲文化发展的战略,不仅物的方面要拿,那不成问题,最重要的还是要拿第三个方面的价值观念、民族性格。在这些方面,我看得要改一改,不改的话,我们的社会主义建设、生产力发展就会很难,非常难。这里边就牵扯到鲁迅,同志们都知道,毛泽东同志给他非常高的评价,今年不是他逝世50周年吗?他是1936年去世的。这个人确实是了不起的人物,在中国历史上站得住的革命家、思想家、文学家。可是有一个问题。一个什么问题呢?大家知道,在鲁迅的杂文中、在他的小说中,对我们中国的民族性,有很多的剖析、批判。比如《阿Q正传》,你说阿Q这个人物代表什么?代表"精神胜利",他很愚昧。怎么叫"精神胜利"呢?鲁迅也有个解释,他说清朝时候,来了一个洋人,要见外交部长,当时不叫外交部,叫总理各国事务衙门。进来以后,拍桌子瞪眼,拿着文明杖,要打人,结果我们跟他签了条约,出卖了国家利益,我们吃了苦头了。怎么办呢?你打仗打不过他,清朝的皇帝,慈禧、光绪,完全一批废物。怎么办呢?有办法。他走的时候不开正门,总理事务衙门不是有正门吗?只开旁门让他走。洋人反正是条约签了,经济利益拿到手了,走大门也行,走旁门也行,都不在乎。可是我们中国官僚们认为"胜利"了,你看我给他面子不好看,他失了面子,我得了面子。结果我们丢的土地,我们丢的金钱,哪个都不在话下。当然鲁迅攻击我们的民族性不只这一点,还有好多,比方说糊里糊涂、马马虎虎、办事不讲效率,有的人是伪君子,等等。同志们,你们看他的小说对伪君子、道学家,批判得多么深刻。《肥皂》多么深刻呀!《肥皂》,同志们知道那篇小说,是不是?它对我们的假道学攻击得很厉害。大家有时候开玩笑,说鲁迅如果活到"文化大革命",起码是个反动学术权威,他也得关牛棚,就因为他对中国有那么些意见和批评。他可能也被认为是崇洋媚外,因为他说洋鬼子有的地方比我们强。鲁迅讲我们吃东西,肉煮得太烂;吃牛肉还是应该刀子一下去,里边还有红的。这不是崇洋媚外吗?当然是大家开玩笑!鲁迅要是活到"文化大革命",也没有多大岁数,1881年诞生的嘛。可是今天我们怎么来看鲁迅这些意见呢?他提的我们民族性的缺点,今天怎么看呢?我自己的看法,我觉得鲁迅是对的,没有错。我们在社会上看到好多现象,就是党中央《决议》里边讲的严重的消极的东西,这跟鲁迅指出来的,并没有不同的地方。过去有一段时间讨论鲁迅的杂文,现在不是又提倡写杂文了吗?可是有一段时间,这个杂文不敢写。同志们想一想,当时有一阵子漫画很多,后来就批判了画漫画的,当时画漫画的同志都有这个经验,华君武同志，等等。画漫画当然是指出的缺点多，这个都不行。鲁迅的杂文呢？反正现在过时了，已经过了五六十年了，算了，他在历史上有那么些功绩，他的杂文今天就没意义了，失掉意义了。我自己的看法是这样：鲁迅杂文从大的方面来讲，攻击两部分，一部分是攻击国民党反动派，那很多了，这个你可以说是过时了，因为国民党反动派跑了嘛。可他讲我们社会上一些消极现象，我们民族性格里边的一些消极的东西，一直到今天还有意义。我们现在好多不正之风，是不是跟这个有关系？

我想讲点与这个有关的现象。同志们，你们打开《参考消息》，外国人、华裔，基本上都反映我们服务态度不好。你们也不满意吧！特别是外地来的。我听说我们这次听课的同志有49%是外地来的。同志们，你们到北京来，是不是在服务态度方面也碰过钉子？我想恐怕是要碰的，要不碰的话是不大符合规律的。你买东西，你问他，他不理你，你再问他，呲儿你。像民航，刚出了一个广州市委书记的事件。昨天我看《人民日报》又登了类似的东西。服务态度不好，究竟是什么原因？过去对服务态度我也不满意，现在我不大敢买东西，买东西多少得挨点呲儿，算了，我叫别人去买。

后来我就分析，我说服务态度不好，是不是资本主义的东西呢？同志们大概你们都同意我的意见，绝对不是资本主义的东西，资本主义国家服务好得很。你到日本去看一看就知道了。他不敢不好，不好的话立刻就丢掉饭碗，他们服务态度非常好。那是不是封建主义的东西呢？坏的东西一个资本主义，一个封建主义。封建主义的东西也不是。我小的时候应该说是半殖民地半封建社会吧，那时候服务态度还是好的，包括在饭馆子里边，都很好。

那么我们现在这股邪气从哪儿来的呢？一不是资本主义，二不是封建主义。这股邪气，就是我们在建设社会主义社会的过程中，我们认为平均主义、大锅饭，就是社会主义，这就是根源。没有平均主义，没有大锅饭，服务态度就好得很，这是一个根源。还有一个根源，就是我们生产力不发展，好多现象，好多社会上的不正之风，都与生产力不发展有关系。

我听说老百姓有个顺口溜，说有四种人你得巴结他，叫什么呢？叫"听诊器、方向盘、劳资干部、售货员"。听诊器是医生，医生你得巴结他，为什么呢？你泡蘑菇的话，弄个假条，他给你写。来了好药，他给你开，得巴结他。方向盘，是指司机，司机你惹不起，得巴结他。劳资干部，掌管人事，得巴结他。售货员，是商店里卖东西的，特别是卖日用品的，比方说豆腐，现在北京豆腐好买了，原来豆腐是很不好买的东西啊，你认识售货员的话，就买得着。现在又要分大白菜了，你要认识售货员，全是一级的，你要不认识的话，或者关系不好的话，他给你从中捣点鬼。所以我们好多社会不正之风，比方走后门，大家都讨厌走后门。买车票问题，你们现在要回去，恐怕就碰到买车票的问题了，要走后门，不走的话你就十分困难。这些都是生产力不发展的结果。

国外就没有这种情况。你到日本去，别的国家我不清楚，我到日本、西德去的次数比较多一点，哪有买车票排队的？滑稽了。你打个电话票就给你送来了，他巴不得你坐车。你到商店买东西，售货员你巴结他？是他巴结你，给你鞠大躬，他希望你再来。饭馆子哪里用排队呀！我们这儿饭馆子现在我不知道，以前你要吃顿饭费劲儿极了，站在后边，看人家吃完，然后自己找一个座位，盘子、碗服务员也不拿，得你自己去拿。所以我们社会上好多不正之风，跟生产力不发展有直接联系。

鲁迅攻击的我们民族的某些缺点也与此有关。我看鲁迅是满怀对中国民族的热爱，来提中国民族的弱点的，他不是幸灾乐祸。最近我们讲巴金，我看巴金这个同志也了不起，他那个《随想录》我没看全，看了一点，那真是大实话。话是非常难听，可是现在大家认为，巴金这个人就是讲实话。有人说巴金代表了中国散文的第二个高潮。第一高潮是鲁迅，第二高潮是巴金。我觉得是完全对的。他们不是假洋鬼子，说我比你高一等，你怎么怎么不行，多少多少毛病，不是。他是把自己摆到一个中国人民一份子的位置上，恨铁不成钢。我觉得鲁迅的杂文，除了攻击国民党反动派那一部分外，因为国民党反动派已经完了，其余的我看都有用。

今天社会上还有好多消极的东西，而且我讲一句很不好听的话，有的还有发展，在"文化大革命"中发展了，比鲁迅那时候还严重。这个你不正视行吗？不正视，我们这个社会主义，有中国特色的社会主义怎么建设呢？生产力怎么发展呢？大家放下筷子骂娘，怎么能发展生产力呢？关于鲁迅，有人好像有这个意思，说鲁迅只看到中国民族的弱点，而中国民族的优点则没看到，这不是事实。鲁迅文章本身就讲过，鲁迅有一篇文章叫《中国人失掉自信力了吗？》。他在文章里讲的东西大概同志们都熟悉的。他这里边就讲到中国民族的优点。这是在《鲁迅全集》第六卷《且介亭杂文》里边的。他说："我们从古以来，就有埋头苦干的人，有拼命硬干的人，有为民请命的人，有舍身求法的人……虽然是等于为帝王将相作家谱的所谓'正史'，也往往掩不住他们的光耀，这就是中国的脊梁。"有这么一些人，这些人一直到今天，还是了不起的。我们历史上不是没有。所以中国人的优点，鲁迅并不是没看着，说鲁迅光看到中国人民的弱点，没看到中国人民的优点，这不是事实。

最近我看了些文章，其中有几个谈到中国国民性的一些问题。比方说有一篇文章是隋启仁同志写的。他说要改变封建主义的"门第观念"、"等级观念"、"资历观念"、"身份观念"、人身依附的关系、人治、封闭性、保守性、求稳不变。我们恐怕得承认有这个情况。同这些情况相对的资产阶级观念,是平等观念、独立人格、法治、开放、冒险、标新立异等。他们要求改革嘛!我们是封闭、保守、求稳不变,这样怎么能改革呢?因此我们现在讲文化发展战略问题,讲文化交流,讲向外国学习,我们一方面应看到我们中国的好的方面,就是鲁迅讲的中国的脊梁,这个我们不能丢,无论如何也不能丢,要大胆发扬。另外一方面,要看到我们的弱点,在心理素质、价值观念方面,我们有弱点。

刚才我举了好多例子,我再举一个例子。当年"九一八",老的同志知道,"九一八"日本侵略中国,国民党反动派蒋介石不抵抗,他打日本打不了,他也不敢打。为什么呢?他认为日本的危害还不如江西苏区,他要先消灭红军,于是就对敌屈服。怎么办呢?日本进来了,一下子占了我们这么一大片土地。当时国民党的想法,就是依靠国联。国联就等于今天的联合国。依靠的逻辑是什么逻辑呢,说是我们中国是弱国,你强国侵侮弱国,不合我们中国的伦理道德,你这国联得主持正义啊。蒋介石他这么讲,根子里边是想先消灭红军,向日本人投降,可嘴里却是这么讲的。可当时中国老百姓接受这个东西。

我们的伦理概念跟西方不一样，西方是优胜劣败。竞争，弱肉强食，谁软弱谁倒霉，该打倒。人家的伦理是这么个伦理。可是我们当时，蒋介石心里有鬼，我们老百姓的思想有那么个包袱，按中国的伦理纲常，大的欺侮小的，是不对的。鲁迅讲这叫隔膜，隔膜就是我们不懂国联，国联都是外国人、欧洲人，我们不懂他们的想法。结果有什么用呀，日本不是把东三省占了吗？

还有一个事情，这是我自己亲眼见到的。我在德国住了多年，小孩子打架很少见。有一次就在我窗子下面两个小孩子打架了，一个高的十五六岁，一个小的七八岁。我当时脑筋里立刻就想：你怎么大的欺负小的呢？这是我的伦理概念，不行啊！大的欺负小的不对呀！可是两个小孩子打了起来，周围围了一群大人在那儿观战，没有一个出来主持正义的。结果小的不行，差远了，一下子被打倒了，躺在地上挨了几巴掌，打得挺厉害。可是他站了起来，哈哈大笑。这日耳曼民族，有他们的狂气。他还接着跟这个大孩子干，大概被打倒了好几次，最后我对门住的一个老太太，拿了一盆水，往人堆里一泼，大人小孩每人弄了一身水，散开了，走了。

后来我一想这不对，人家在德国，不论谁跟谁打仗，反正谁胳膊粗，谁有劲，谁就是胜利者，这就是人家的道德观念，我们认为大的不能欺负小的，这是我们的道德观念。因此我们今天的伦理道德、价值观念，其中有一些是要改变一下的，不变不行。跟洋人打交道，你就得讲竞争。在国内我们也得讲竞争，是不是？哪个工厂不行，就破产，现在《破产法》不是要通过吗？我是赞成这个的。你不行就让别人，这个道理很容易理解。

总而言之，我们现在这个伦理道德、心理素质、价值观念，对于一些事物的判断，不改不行。特别时间观念、效率观念，非讲不行。刚才我讲过，世界上的人都怕时间，而时间却怕东方人。咱们平常浪费了多少时间呀？是不是？这样行吗？一个人一辈子60万个小时，而且现在是三年等于石器时代的三千年的时代，这么一个世界情况，如果我们还是慢慢腾腾，还是老的东西，那是不行的，我们生产力发展不了。

总而言之，我的意思就是要讲文化交流，要讲文化发展战略，我们就要向别的国家好的地方学习，最容易学的我们都学了，啤酒也喝了、沙发也坐了，可是我们得学最难的。就是我们的价值观念、思想方式，不能马马虎虎，得把弱点克服，要不克服的话，我们的生产力就发展不了。生产力发展不了的话，社会主义建起来就困难了。

那么有的同志可能要问了：啤酒很容易拿来，不用劝我们也喝了。有些东西，我们认为是我们的缺点，认为是别的民族的一些优点，这个怎么拿来呢？这个问题非常不容易解决。我引两个人的话，一个是梁启超，他这样讲："要拿旧心理运用新制度，决计不可能。"他讲的是心理，用旧心理运用新制度，办不到的。要运用新制度，得把旧心理改成新心理。鲁迅有一句话："人不能自成为新人，文艺不能自成为新文艺。"总而言之一句话，我们要拿比较难拿的。

怎么去拿呢？这个问题恐怕不是一年两年，十年八年能够改变的。中共中央的决议里边，建设精神文明里边恐怕也有这层意思，恐怕要用很长的时间。首先我们得承认我们有这个缺点，首先我们得承认要建设社会主义，首先就要发展生产力，这些东西不去掉，生产力发展不了。我们得承认，不承认的话，认为我们这些东西都好得很，那怎么能变呢？那还是"用夏变夷"，用我们这套国粹来改变人家，那不行的。

第一个要承认，第二个要反思，反复思考，自己思考，思考怎么办，是不是？比方思想改造，现在这个词大家不大用了，不过我自己认为，思想还是要改造的，每个人都要改造。现在世界上日新月异，我们的思想如果停留不变，将来一定是要落伍的。特别是我们老年人，现在我跟年轻同志谈话，就发现年轻人有股锐气，看问题敏锐，保守的东西少。比方拿文艺界来讲，新名词很多，有一些人就反对，说怎么现在写文艺批评全是新名词。我是不是赞成说是新名词都好呢？也不是的。无论如何，我们要承认，年轻人容易接受新事物，老年人就不大容易接受。要反思的话，老年人恐怕更要反思，我也在内，我并不例外，我并不比别人高明。只有这样，然后才能通过实践，我们的想法才能慢慢改变。比方说当厂长的，优胜劣败嘛！厂长，谁要能把厂办好，经济效益高，团结同志好，他就当厂长，不然的话就下台。这不是实践吗？

我们是唯物主义者，先有存在然后才有意识。将来类似这样的实践情况还会多得很。我想只有这样，持之以恒，坚持不懈，我们才能够改变我们过去一些消极的东西，同时发扬我们积极的东西。我再着重说一句：我们要拿来的是第三个层次里的东西，属于心的东西。我们要改变我们的一些心理素质、价值观念、思想方法，等等。但这绝不是什么"全盘西化"。这只是以我为主，把对我们有用的东西"拿来"，无用的糟粕坚决拒绝。"全盘西化"，理论上讲不通，事实上办不到。

同志们，我讲的话是一家言，放言高论，跟同志们不讲假话，可能有不正确的地方，我自己当然认为正确，请同志们讨论。谢谢大家。

（本文是作者1986年10月在民盟中央举办的"多学科学术讲座"上的演讲；1987年3月修改后收入上海知识出版社出版的《我国社会经济和科技发展战略问题》一书。）

漫谈文学作品的阶级性、时代性和民族性

最近翻看宋人笔记,发现一条内容基本相同只是稍有改变的笔记,竟出现在八本书中。我现在从宋赵与时的《宾退录》卷九中把这条笔记抄在下面:

读诸葛孔明《出师表》而不堕泪者,其人必不忠。读李令伯《陈情表》而不堕泪者,其人必不孝。读韩退之《祭十二郎文》而不堕泪者,其人必不友。

这给我们提出了一个值得深思的问题。这条笔记始作俑者是谁,我想,我们不必去深究。既然它出现在几本书中,可见它触到了一些人的灵魂,引起了共鸣。我们今天读了,仍然会在不同程度上引起共鸣。至少是我自己,还有我认识的一些朋友,读了《出师表》《陈情表》和《祭十二郎文》,确有想堕泪之意。这

几篇古典文学作品确实触碰到了我们内心中的某一些地方，震撼了我们的灵魂，使我们受到感动，得到了"净化"。

但是，最近四五十年以来，我们的唯物主义文艺理论告诉我们：文学作品是有阶级性的，是有时代性的，是有民族性的。《红楼梦》中贾府上的焦大不会喜欢林妹妹，事实昭著，不容否认。这一套唯物主义文艺理论，有其正确之处，也不容否认。

连不可能是历史唯物主义者的清代诗人赵瓯北也高唱："江山代有才人出，各领风骚数百年。"可是中国文学的发展却在一定程度上否定了赵瓯北的论点。李杜文章到了现代，经过了不是数百年，而是一千多年，仍然很"新鲜"。像李白、杜甫，中国还有一些诗人和散文家，诸葛亮、李密和韩愈就属于这一些人。外国也有一些作家和作品，可以归入这个范畴。

这些作家和作品的阶级性、时代性和民族性哪里去了呢？我个人觉得，倒是马克思主义的老祖宗马克思敢于说：希腊神话有永恒的魅力。

最现成最合理的解释就是，在承认文学作品的阶级性、时代性和民族性的同时，还承认一个贯通这些性，或者高踞于这些性之上的性：人性。我这种说法或者想法，在文艺理论家眼中，也只能是文艺理论幼儿园的水平。但是，在过去一段时间内，谁要提"人性"就是"人性论"，而"人性论"就是"修正主义"，离反革命只有一根头发丝的距离了。我们今天托了改革开放的福，敢于把人性提了出来。我偶然读到宋人的笔记，心有所感，不避幼儿园之讥，写了以上这许多话。

1993年8月22日

中国的民族性

我一向认为,世界上不同的民族都有不同的民族性。那么,我们中华民族怎样呢?我们中华民族当然不能例外。

中华民族是一个伟大的民族,勤劳、勇敢、智慧,对人类做出了巨大的贡献。这是谁也否认不掉的。我自以生为中国人为荣,生为中国人自傲。如果真正有轮回转生的话,我愿生生世世为中国人。

但是一个很大的但是,环视我们四周,当前的社会风气,不能说都是尽如人意的。有的人争名于朝,争利于市,急功近利,浮躁不安,只问目的,不择手段。大抢大劫,时有发生;小偷小摸,所在皆是。即以宴会一项而论,政府三令五申,禁止浪费;但是令不行,禁不止,哪一个宴会不浪费呢?贿赂虽不能说公行,但变相的花样却繁多隐秘。我很少出门上街;但是,只要出去一次,必然会遇到吵架斗殴的。在公共汽车上,谁碰谁一下,谁踩谁一脚,这是难以避免的事,只须说上一句:对不起!就可以化干戈为玉帛;然而,对不起!谢谢!这样的词儿,我们大多数人都不会说了，必须在报纸上大力提倡。所有这一切，同我国轰轰烈烈、红红火火的伟大建设工作，都十分矛盾，十分不协调。同我们伟大民族的光荣历史，更是非常不相称。难道说我们这个伟大民族撞着什么客了吗？

鲁迅先生是最热爱中华民族的，他毕生用他那一支不值几文钱的金不换剖析中国的民族性，鞭辟入里，切中肯綮，对自己也决不放过。当你被他刺中要害时，在出了一身冷汗之余，你决不会恨他，而是更加爱他。可是他的努力有什么结果呢？到了今天，已经换了人间，而鲁迅点出的那一点缺点，不但一点也没有收敛，反而有增强之势。

有人说，这是改革开放大潮社会转轨之所致。我看，恐怕不是这个样子。前几年，我偶尔为写《糖史》搜集资料读到了一本19世纪中国驻日本使馆官员写的书，里面讲到这样一件事。这位新到日本的官员说：他来日本已经数月，在街上没有看到一起吵架的。一位老官员莞尔而笑，说：我来日本已经四年，也从来没有看到一起吵架的。我读了以后，不禁感慨万端。不过，我要补充一句：日本人彬彬有礼，不吵架，这十分值得我们学习。对广大日本人民来说，这是完全正确的。但是对日本那一小撮军国主义侵略分子来说，他们野蛮残暴，嗜血成性，则完全是另一码事了。

不管怎样，中国民族性中这一些缺点，不自改革开放始，也不自建国始，更不自鲁迅时代始，恐怕是古已有之的了。我们素称礼义之邦，素讲伦理道德，素宣扬以夏变夷；然而，其结果却不能不令人失望而且迷惑不解。难道我们真要礼失而求诸野吗？这是我们每一个中国人所面临的而又必须认真反省的问题。

1998年7月16日

传统文化与现代化

先声明一句：对于"文化"含义的理解五花八门。我在这里所说的"文化"是广义的文化，包括人类创造的物质和精神两个方面的一切优秀的东西。

传统文化代表文化的民族性，现代化代表文化的时代性。二者都是客观存在，是否定不掉的。二者之间的关系是矛盾统一，既相反，又相承。历史上所谓现代化，是指当时的"现代"，也可以叫做时代化。

所谓现代化或者时代化，必须有一个标准，这就是当时世界上在文化发展方面已经达到的最高水平。既然讲到世界水平，那就不再是一个国家或一个民族的事情。因此，不管哪一个时代、哪一个国家的现代化，总是同文化交流分不开的。文化交流是人类历史上以及现在人类最重要的活动之一。现代化或者时代化一个最重要的内容就是进行文化交流，大力吸收外来的文化，加以批判接受。对于传统文化，也要批判继承，二者都不能原封不动。原封不动就失去生命活力，人类和任何动物植物失去了生命活力，就不能继续生存。

在历史上任何时代，任何正常发展的国家都努力去解决传统文化与现代化的矛盾。这一个矛盾解决好了，达到暂时的统一，文化就能得到进一步的发展，国家的社会生产力也会得到进一步的发展，经济就能繁荣。解决不好，则两败俱伤。只顾前者则流于僵化保守；只顾后者则将成为邯郸学步，旧的忘了，新的不会。

中国历史上的事实可以充分证明上述看法。试以汉代为例。汉武帝在位期间是汉代国力达到顶峰的时代，在政治方面和经济方面都有辉煌的成就。在文化思想方面，董仲舒的"罢黜百家，独尊儒术"，可以说是保存传统文化的一种办法。但是当时的人们并没有仅仅对儒家思想抱残守缺，死死抱住不放，而是放眼世界，大量吸收外来的东西。从那时候起，许多外国的动物、植物、矿物，以及其他产品从西域源源传入中华，比如葡萄、胡瓜、胡豆、胡麻、胡桃、胡葱、胡蒜、石榴、胡椒、苜蓿、骆驼、汗血马、璧流离等等都是当时传入的。西域文化，比如音乐、雕刻等也陆续传入。稍晚一点，佛教也传了进来。另一方面，中国的丝和丝织品也沿着丝绸之路传到了中亚和欧洲。总之，汉武帝及其以后的长时间中，一方面发扬传统文化，一方面大搞"时代化"。尽管当时不会有什么时代化或现代化之类的概念，人们也许根本没有意识到他们是在进行这样伟大的事业；但是他们确实这样做了，而且取得了辉煌的成果。历史的辩证法就是如此。文化交流大大地促进了汉代文化的发展，也促进了国际上文化的发展。汉武帝前后的时代遂成为中国历史上最光辉灿烂的时代之一。

我再举唐代作一个例子。李唐的家世虽然可能与少数民族有某些联系，但是几个著名的皇帝，特别是唐太宗，对保护中华民族、主要是汉族的传统文化做了大量的工作。文学、艺术、书法、绘画、哲学、宗教等文化的各个方面都得到了可喜的发展。中华文化还大量向外国输出，日本是一个显著的例子。唐太宗本人，武功显赫，文治辉煌。他是政治家、军事家，又是书法家和诗人。贞观时代，留居长安的外国人数量极大。他们带来了各自国家的物质和精神文化，又带回中国文化。盛唐时期遂成为中国历史上最兴盛的时期之一，长安成为当时世界上第一大都会，唐王朝成为经济最发达、力量最雄厚的国家。

例子还可以举出一些来，但是这两个已经够了。这一些例子透露了一条规律：在中国历史上，凡是国力强盛时，对外文化交流，也可以叫做时代化，就进行得频繁而有生气。这反过来又促进了本国社会生产力的发展，使国力更加强盛。凡是国力衰竭时，就闭关自守，不敢进行文化交流。这反过来更促成了国力的萎缩。打一个也许不太确切的比方。健康的人，只要有营养，什么东西都敢吃，结果他变得更加健康。患了胃病或者自以为有病的人，终日愁眉苦脸，哼哼唧唧，嘀嘀咕咕，这也不敢吃，那也不敢动，结果无病生病，有病加病，陷入困境，不能自拔。

清朝末年，被外国殖民主义者撞开了大门，有识之士意识到，不开放，不交流，则国家必无前途；保守者则大惊失色，决定死抱住国粹不放，决不允许时代化。当时许多有名的争论，什么夷夏之辩，什么体用之争，又是什么本末之分，都与此有关。这是一个国家似醒非醒时的一种反应，其中也包含着传统文化与现代化的斗争。以后经历了民国、军阀混战、国民党统治等混乱的时期，终于迎来了解放。

在解放初期，我们的国家是健康的。对于传统文化不一概抹杀，对于外来文化也并不完全拒绝。对于保护传统文化曾有过一点极左的干扰，影响不是很大。到了"四人帮"肆虐时期，情况完全变了。"四人帮"一伙既完全不懂传统文化，又患了严重的胃病，坚决拒绝一切外来的好东西，谁要是想学习外国的一点好东西，"崇洋媚外""洋奴哲学"等莫须有的帽子就满天飞舞，弄得人人谈"洋"色变。如果"四人帮"不垮台，胃病势将变成胃癌，我们国家的前途就岌岌可危了。十一届三中全会以后，我们国家又恢复了健康。我们既提倡保护传统文化，加以分析，批判继承，又提倡对外开放，大搞现代化。纵观几千年的中国历史，人们不能不承认，这是盛世之一，是最高的盛世，是正确处理传统文化与现代化这一对矛盾的典范。从这正确的处理中，我们可以看出，所谓"全盘西化"是理论上讲不通、事实上办不到的。世界上还没有哪一个西方以外的国家全盘西化过。

1987年6月6日

精华与糟粕

最近几十年来,中国文史界有一个口头语,叫做"批判继承"。说详细一点,就是对中国古代文化要"一分为二",分清精华与糟粕,继承前者,批判后者。口号一出,天下翕然从之,几乎是每人必讲,每会必讲,无有表异议者,仿佛它是先验的,用不着证明。

但是,究竟什么叫做"精华",什么又叫做"糟粕"呢?二者关系又是怎样呢?我——我看别人也一样——从来没有去认真思考过,好像二者泾渭分明,一看就能识别,只要文中一写,会上一说,它就成了六字真言,威力自在。

最近我那胡思乱想的毛病又发作起来,狂悖起来,我又仔细思考了这个问题,苦思之余,豁然开朗。原来这两个表面上看上去像是对立面的东西,不但不是泾渭分明,而是界限不清;尤有甚者,在一定的条件下,双方可以相互向对立面转化。

空口无凭,我举几个例子。孔子和儒学,在90年前的五四运动时期,肯定被认为是糟粕,不然的话,何能喊出了"打倒孔家店"的口号？然而，时移势迁，到了今天，中国正在努力建设社会主义初级阶段的社会，还有什么人能说孔子和儒学中没有精华呢？这是由糟粕向精华转化的例子，另外一个例子是在改革开放以前思想大混乱的时期中，斗，斗，斗的哲学被认为是天经地义，当然是精华无疑了。然而到了今天怎样了呢？谁敢说它不是糟粕？这是一个从精华转化成糟粕的例子，我认为，这两个例子都是有说服力的，类似的例子还有很多，我不一一列举了。

但是，上面的例子还是过于简单化了一些，古往今来，实际的情况要复杂得多，精华与糟粕互相转化，循环往复、变化多端，想读者定能举一隅而以三隅反的。

这种情况的根源何在呢？我个人的看法是：时代随时在前进，社会随时在变化。每一个时代和每一个社会都有自己的特殊要求，在政治方面，在经济方面，在巩固统治方面，在保持安定团结方面，在发展文化教育方面，在提高人民的文化道德水平方面等，都有自己的特殊要求。能满足这个要求的前代或当代的理论、学说或者行动，就是精华，否则就是糟粕。但时代和社会是永不停息地变动着的，一变动就会提出新的要求。以不变应万变的理论、学说或者行动是不能想象的。

我的用意只不过是提醒人们：在讲出这近套话的"批判继

承"和"要分清精华与糟粕"的时候,要稍稍动一点脑筋,不要让套话变成废话,如此而已。

1999年1月12日

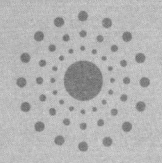

第二辑　国学六讲

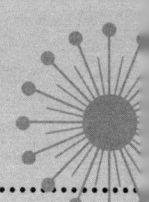

国学漫谈

《国学，在燕园又悄然兴起》一文（见《人民日报》1993年8月16日第三版）在国内外一部分人中引起了轰动。据我个人看到的国内一些报纸和香港的报纸，据我收到的一些读者来信看，读者们是热诚赞成文章的精神的。

想要具体的例证，那可以说是俯拾即是。前不久，我曾就东方文化和国学作过一次报告。一位青年同志写了一篇"侧记"，叙述这一次报告的情况（王之昉：《高屋建瓴启迪后人》，《人民日报》1993年12月1日第三版）。读者如有兴趣，可以参阅。我因为是当事人，有独特的感触，所以不避啰嗦之嫌，在这里对那天的情况再讲上几句。

那是一个阴雨连绵的晚间，天气已颇有寒意。报告定在晚上7时。我毫无自信，事先劝同学们找一个不太大的教室，能容下100人就行了。我是有私心的，害怕人少，讲者孑然坐在讲台上，面子不好看。然而他们坚持找电教大楼的报告大厅，能容下400人。完全出乎我意料，不但座无虚席，而且还有不少人站在那里，或坐在台阶上,都在静静地谛听,整个大厅里鸦雀无声。我这个年届耄耋的世故老人,内心里十分激动,眼泪在眼睛里打转。据说,有人5点半就去占了座位。面对这样一群英姿勃发的青年,我心里一阵阵热浪翻滚,笔墨语言都是形容不出来的。

海外不是有一些人纷纷扬扬,说北大学生不念书,很难对付吗?上面这现象又怎样解释呢?

人世间有果必有因。上面说的这种情况也必有其原因。我经过思考,想用两句话来回答:顺乎人心,应乎潮流。

我们中华民族拥有五千年的光辉灿烂的文化,对人类做出了卓越的贡献。很难想象,世界上如果缺少了中华文化会是一个什么样子。前几年,弘扬中华优秀文化的号召一经提出,立即受到了国内外炎黄子孙的热烈拥护。原因何在呢?这个号召说到了人们的心坎上。弘扬什么呢?怎样来弘扬呢?这就需要认真地研究了。我们的文化五色杂陈,头绪万端。我们要像韩愈说的那样,"沉浸酡郁,含英咀华",经过这样细细品味、认真分析的工作,把其中的精华寻找出来,然后结合具体情况,从而发扬光大之,期有利于中国人民和世界人民的前进与发展。"国学"就是专门做这件工作的一门学问。旧版《辞源》上说:国学,一国所固有之学术也。话虽简短朴实,然而却说到了点子上。七八十年以来,这个名词已为大家所接受。除了"脑袋里有一只鸟"的人

（借用德国现成的话），大概不会再就这个名词吹毛求疵了。如果有人有兴趣有工夫去探讨这个词儿的来源，那是他自己的事，我无权反对。

国学绝不是"发思古之幽情"。表面上它是研究过去的文化的，因此过去有一些学者使用"国故"这样一个词儿。但是，实际上，它既与过去有密切联系，又与现在甚至将来有密切联系。现在我们不是都谈建设有中国特色的社会主义吗？什么叫"特色"？特色表现在什么地方？我曾反复思考过这个问题。我觉得，科技对我们国家建设来说，对发展生产力来说，是非常重要的，万万不能缺少的。但是，科技却很难表现出什么特色。你就是在原子能、电脑、宇宙飞船等尖端科技方面，有突出的成就，超过了世界先进国家，同其他国家比较起来，也只能是程度的差别，是水平的差别，谈不到什么特色。我姑且称这些东西为"硬件"。硬件的本质都是一样的，没有什么特色可言。

特色最容易表现在精神文化方面，我姑且称之为"软件"，哲学、宗教、文学、艺术、伦理、道德、经营、管理等都属于这个范畴。这些东西也是能够交流的，所谓"固有"并不排除交流，这个道理属于常识范围。以上这些学问基本上都保留在我们所说的"国学"中。其中有不少的东西可以说是中华文化、中华智慧的结晶，直至今日，不但对中国人发挥影响，它的光辉也照到了国外去。最近听一位国家教委的领导说,他在新德里时亲耳听到印度总统引用中国《管子》关于"十年树木,百年树人"的话。在巴基斯坦他也听到巴基斯坦总理引用中国古书中的话。足证中华智慧已深入世界人民之心。这是我们中国人应该感到骄傲的。所有这些中国智慧都明白无误地表露了中国的特色。它产生于中国的过去,却影响了中国和世界的今天,连将来也会受到影响。事实已经证明,连外国人都会承认这一点的。

国学的作用还不就到此为止,它还能激发我们整个中华民族的爱国热情。"爱国主义"是一个好词儿,没有听到有人反对过。但是,我总觉得,爱国主义有真伪之分。在历史上,被压迫被侵略的民族,为了自己的生存与尊严,不惜洒热血、抛头颅,奋抗顽敌,伸张正义。这是真爱国主义。反之,压迫别人侵略别人的民族,有时候也高呼爱国主义,然而却不惜灭绝别的民族。这样的"爱国主义"是欺骗自己人民的口号,是蒙蔽别国人民的幌子。它实际上是极端民族沙文主义的遮羞布。例子不用举太远的,近代的德、意、日法西斯主义就是这一类货色。这是伪爱国主义。

中国的爱国主义怎样呢?它在主体上是属于真爱国主义范畴的。有历史为证,不管我们在漫长的封建时期内,"天朝大国"的口号喊得多么响,事实上我国始终有外来的侵略者,主要来自北方，先后有匈奴、突厥、辽、金、蒙、满，等等。今天，这些民族基本上都成了中华民族的组成部分；但在当时只能说是是敌对者，我们不能否定历史的本来面目。在历史上，连一些雄才大略的开国君主也难以逃避耻辱。刘邦曾被困于平城，李渊曾称臣于突厥，这是最明显的例子。我们也不能说，中国过去没有主动地侵略别人过，这情况也是有过的，但不是主流，主流是中国始终受到外来的威胁。正是由于这个原因，我们中国人民敬仰、歌颂许多爱国者，岳飞、文天祥、史可法等都是。一直到今天，爱国主义，真正的爱国主义，始终左右我们民族的心灵。我常说，北京大学的优良传统之一，就是爱国主义，我这说法得到了许多人的赞同。探讨和分析中国爱国主义的来龙去脉，弘扬爱国主义思想，激发爱国主义热情，是我们今天"国学"的重要任务，国学的任务可能还可以举出一些来，以上三大项，我认为，已充分说明其重要性了。我上面说到"顺乎人心，应乎潮流"。我现在所谈的就是"人心"，就是"潮流"。我没有可能对所有的人都调查一番。我所说的"人心"，可能有点局限。但是，一滴水中可以见宇宙，从燕园来推测全国，不见得没有基础。我最近颇接触了一些青年学生。我发现，他们是很肯动脑筋的一代新人。有几个人告诉我，他们感到迷惘。这并不是坏事，这说明他们正在那里寻觅祛除迷惘的东西，正在那里动脑筋。他们成立了许多社团,有的名称极怪,什么"吠陀",什么禅学,这一类名词都用上了。也许正在燕园悄然兴起的"国学",正投了他们之所好,顺了他们的心。否则怎样来解释我在本文开头时说的那种情况呢?中国古话说,"得道多助,失道寡助",顺应人心和潮流的就是"道"。

但是,正如对人世间的万事万物一样,对国学也有不同的看法。提倡国学要有点勇气,这话是我说出来的。在我心中主要指的是以"十年浩劫"为代表的那一股极左思潮。我可万万没有想到,今天半路上竟杀出来一个程咬金,在小报上写文章嘲讽国学研究,大扣帽子。不知国学究竟于他何害,我百思不得其解。无独有偶,北师大古籍研究所编纂《全元文》,按说这工作有百利而无一弊,然而竟也有人想全面否定。我觉得,有这些不同意思也无妨。国学,弘扬中华优秀文化,既然是顺乎人心,应乎潮流的事业,必然会发展下去的。

1993年12月24日

谈礼貌

眼下,即使不是百分之百的人,也是绝大多数的人,都抱怨现在社会上不讲礼貌。这完全有事实做根据的。前许多年,当时我腿脚尚称灵便,出门乘公共汽车的时候多,几乎每一次我都看到在车上吵架的人,甚至动武的人,起因都是微不足道的:你碰了我一下,我踩了你的脚,如此,等等。试想,在拥拥挤挤的公共汽车上,谁能不碰谁呢?这样的事情也值得大动干戈吗?

曾经有一段时间,有关的机关号召大家学习几句话:"谢谢!""对不起!"等等。就是针对上述的情况而发的。其用心良苦,然而我心里却觉得不是滋味。一个有五千年文明的堂堂大国竟要学习幼儿园孩子们学说的话,岂不大可哀哉!

有人把不讲礼貌的行为归咎于新人类或新新人类。我并无资格成为新人类的同党,我已经是属于博物馆的人物了。但是,我却要为他们打抱不平。在他们诞生以前,有人早着了先鞭。不过,话又要说回来,新人类或新新人类确实在不讲礼貌方面有所创造,有所前进,他们发扬光大这种并不美妙的传统,他们(往往是一双男女）在光天化日之下，车水马龙之中，拥抱接吻，旁若无人，洋洋自得，连在这方面比较不拘细节的老外看了都目瞪口呆，惊诧不已。古人说："闺房之内，有甚于画眉者。"这是两口子的私事，谁也管不着。但这是在闺房之内的事，现在竟几乎要搬到大街上来，虽然还没有到"甚于画眉"的水平，可是已经很可观了。新人类还要新到什么程度呢？

如果一个人孤身住在深山老林中，你愿意怎样都行。可我们是处在社会中，这就要讲究点人际关系。人必自爱而后人爱之。没有礼貌是目中无人的一种表现，是自私自利的一种表现，如果这样的人多了，必然产生与社会不协调的后果。千万不要认为这是个人小事而掉以轻心。

现在国际交往日益频繁，不讲礼貌的恶习所产生的恶劣影响，已经不局限于国内，而是会流布全世界。前几年，我看到过一个什么电视片，是由一个意大利著名摄影家拍摄的，主题是介绍北京情况的。北京的名胜古迹当然都包罗无遗，但是，我的眼前忽然一亮：一个光着膀子的胖大汉骑自行车双手撒把，做打太极拳状，飞驰在天安门前宽广的大马路上。给人的形象是野蛮无礼。这样的形象并不多见，然而却没有逃过一个老外的眼光。我相信，这个电视片是会在全世界都放映的。它在外国人心目中会产生什么影响，不是一清二楚了吗？

最后,我想当一个文抄公,抄一段香港《大公报》上的话:

富者有礼高质,贫者有礼免辱,父子有礼慈孝,兄弟有礼和睦,夫妻有礼情长,朋友有礼义笃,社会有礼祥和。

2001年1月29日

谈中国书法

书法,可以说是中国独有的艺术。日本自古迄今也是讲究书法的,自唐代起就名家辈出,这显然是受了中国的影响。我在这里讲"受影响"毫无贬义,日本受了中国的影响,自己也有所创新,有所发展,这是日本书法家最受人称赞之处。在几十年前,中国视古代文化如粪土的时期,我看了日本书法,曾感慨备至,"惊呼热中肠",觉得我们将要"礼失而求诸野"了。幸而在改革开放以来,书法又受到青睐。老中青三代书法家,发奋图强,重振当年雄风。我所担心的尴尬局面未能出现,这是我垂暮之年最感欣慰的乐事之一。幸亏天老爷赐我以长寿,否则真要抱恨终天了。

中国的书法妙处何在呢?我不是美学家,更不是书法美学家,不敢赞一词。古语之:"他山之石,可以攻玉。"现在我想借用别人的眼睛,而且是一个外国人的眼睛,来攻中国书法这一块玉。我在将近七十年前在清华读书时,有一个教德文的德国教授,名叫Gustav Ecke,中文名是艾克,字锷风,只能说几句简单的汉语，并不认识汉字。有一次，在上课前，我用粉笔在黑板上鬼画符，写了几个汉字，完全是写着玩的；但忘记擦掉。他一走进课堂，不上讲台，两眼直勾勾地瞅着黑板上的那几个字，似乎非常欣赏。下课后，他问是谁写的，我从实招认。他点头微笑，说："我不认识汉字，但我是美学家。我看汉字，像看一幅画，只看结构，只看线条，不管含义。"

他这几句简单的话，给了我很大的启发。我从来不是什么书法家，我那黑板字写得也不见得好。但是，艾老师却以一个外国美学家的目光，从字的结构和线条上看出了美。我甚至觉得，不认识汉字的外国美学家，他们看到汉字，不像我们中国人（文盲除外）这样，看到一幅名人的书法，首先意识到的是字或词组的含义，然后才去审美。我觉得，这种审美实际上是掺上了杂质，不能立即得到美的真谛，这会影响到美感享受的。有人或许认为这是怪论，我则深信不疑。

总之，书法同绘画一样，是一种视觉艺术。绘画的作用，在于重现自然，无论是山水、人物，还是花、鸟、虫、画，重现时都必然沾染上一些个人感情成分。所以，虽同是一类画家，然而画风各异，绝不像照相那样，照出来的都大同小异。书法不再重现自然，而在抒发胸中一股浩然之气，这种气人与人殊，因此王羲之绝不同于魏碑，颜真卿绝不同于怀素，苏轼绝不同于黄庭坚，董其昌大类赵孟頫，清代馆阁体则表现一种富贵气象，像郑板桥那种字体绝进不了翰林院，只能到扬州去当"八怪"之一。如果像颜真卿那样的刚烈人物而书法却如赵子昂，这简直是匪夷所思。古人常说：文如其人，我则说：字如其人。这一点恐怕是非信不行的。至于蔡京、严嵩等人，虽亦为书法家，其气并不"浩然"，这应另当别论。

谈到彭松的书法，应当先谈彭松其人。他幼年丧母，虽有同父异母兄姐照顾，但是哪能代替了母爱呢？父亲常年在外奔波谋生，彭松幼年心情之凄凉，概可想见。我六岁离开母亲，冲龄失去母爱的情景，我完全能体会，凄清、悲哀、孤独、无助，但又因年龄过小，有苦说不出。至今已届望九之年，每次想到我那可怜的母亲，仍然泪流满面。将近八十年前，我同彭松青梅竹马，住前后院。我长他六岁，在现在看起来是个小数，在孩提时期，却无疑是个大数。惺惺惜惜惺惺，我有时会下意识地特别钟爱他。至今回想起来，依然暖在心头。

这话扯得太远了，本来没想说这些话的，写到这里，情不由己，顺便流了出来，也许是无伤大雅吧。再回头说彭松。幼年他家庭极端贫困，没有能受到正规的高等教育。但是，他在九个堂兄弟姊妹中，禀赋最高。他父亲一生沉浮下僚，却有绘画和书法的天才。他的艺术生理基因遗传给了彭松。彭松一生所走过的道路，曲折坎坷，每一步都出人意料；但是，他能书善画，对我来说，却是既出意料，又在意内。他有此禀赋，不管走多少弯路，最终还总会走到这条道上来，这是完全可以理解的。

我在上面已经说过，我既非书法家，也非美学家；不过平生看的书法绘画，为数颇多。古今中外，都有所涉猎。积之既久，自谓颇养成了一点鉴赏能力，能辨美丑，分善劣。看了彭松的书法，浑厚凝重，而又气韵生动，笔酣墨饱时，仿佛能力透纸背，震撼人心。我这个外行人，只能说这样几句外行话。我现在引用一位真正内行名家的意见，这就是著名书画家黄苗子先生，他对彭松的书法给了极高的评价，这当然是绝对可靠的了。

彭松淡泊名利，从不以书法招摇。现在要出这样一本书法集，索序于我。我认为这是当仁不让的事，所以不避谫陋，写了这一篇序。

1999年2月19日

成语和典故

成语，旧《辞源》的解释是："谓古语也。凡流行社会，可证引以表示己意者皆是。"典故，《现代汉语词典》的解释是："诗文里引用的古书中的故事或词句。"后者的解释不够全面，除了"古典"外，有些人还引用"今典"这个词儿。

成语和典故是一种语言的精华，是一个民族智慧的结晶，是高水平文化的具体表现。短短几个字或一句话，却能够唤起人们的联想，能蕴含无穷无尽的意义，有时是用千言万语也难以表达清楚的。中国古代的文人，特别是诗人和词人，鲜有不用典者，一个最著名的例外是李后主。

在世界上各大民族中，成语和典故最丰富多彩的是哪一个民族呢？这个问题，我想，考虑到的人极少极少，反正我还没有遇到呢。我自己过去也从未想到过，只是到了最近，我才豁然开朗：是中国。

中国汉语广如瀚海的诗文集是最好的证明。没有足够的古典文献之时，有些诗词古文是无法理解的。许多古代大家的诗文集，必须有注释才能读得懂。有的大家，注释多到数十家，数百家，其故就在于此。

这情况不但见于古典诗文，连老百姓日常习用的口语也不能避免，后者通常被称为成语。成语和典故的区分，有时真是难解难分。我的初步的肤浅的解释是，成语一般限于语言，典故则多见诸文字。我们现在每个人每天都要说话（哑巴当然除外），话中多少都用些成语，多半是无意识的，成语已经成为我们口语中不可或缺的一个组成部分了。成语的量大得不得了，现在市面上流行着许多版本的《汉语成语大辞典》可以为证。例子是举不胜举的，现在略举数例，以见一斑。"司空见惯""一箭双雕""滥竽充数""实事求是""每况愈下""连中三元""梅开二度""独占鳌头""声东击西""坐井观天""坐山观虎斗""坐失良机""座无虚席""坐以待毙""闻鸡起舞"，等等。这不过是沧海一粟而已。在我的这篇短文中，我就不自觉地使用了一些典故。连电影中的体育报告员，嘴里也有不少成语。比如，踢足球踢到第二个球，则报告员就用"梅开二度"，接连踢进三个球，则是"连中三元"了。连不识字的农民有时也想"传"（zhuǎi）文，使用成语，比如，"实事求是"，对一个农民来说实在太拗口，他便改为"以实求实"，现在常听人说"不尽人意"，实际上应该是"不尽如人意"，去掉"如"字，是不通的。但是,恐怕约定俗成,将来"不尽人意"就会一统天下了。

汉语的优点是说不完的,今天只能讲到这里,等以后有机会再来啰嗦。

1999年10月16日

我和东坡词

几年前的一段亲身经历,至今回忆起来,历历如在目前;然而其中的一点隐秘,我却始终无法解释。

患了老年性白内障,要动手术。要说怕得不得了,还不至于;要说心里一点波动都没有,也不是事实。坐车到医院去的路上,同行的人高谈阔论,我心里有点忐忑不安,一点也不想参加,我静默不语,在半梦幻状态中,忽然在心中背诵起来了苏东坡的词:

明月几时有?把酒问青天。不知天上宫阙,今夕是何年。我欲乘风归去,又恐琼楼玉宇,高处不胜寒。起舞弄清影,何似在人间!

转朱阁,低绮户,照无眠。不应有恨,何事长向别时圆?人有悲欢离合,月有阴晴圆缺,此事古难全。但愿人长久,千里共婵娟。

默诵完了一遍,再从头默诵起,最终自己也不知道,究竟默诵了多少遍,汽车到了医院。

在这样的时候,在这样的地方,我为什么单单默诵东坡这一首词,我至今不解。难道它与我当时的处境有什么神秘的联系吗?

在医院里住了几天,进行了细致的体检,终于把我送进了手术室。主刀人是施玉英大夫,号称"北京第一刀",技术精湛,万无一失,因此我一点顾虑都没有。但因我患有心脏病,为了保险起见,医院特请来一位心脏科专家,并运来极大的一台测量心脏的仪器,摆在手术台旁,以便随时监测我心跳的频率。于是,我就有了两位大夫,我舒舒服服地躺上了手术台。动手术的右眼虽然进行了麻醉,但我的脑筋是十分清楚的,耳朵也不含糊。手术开始后,我听到两位大夫慢声细语地交换着意见,间或还听到了仪器碰撞的声音。一切我都觉得很美妙。但是,我又在半梦幻的状态中,心里忽然又默诵起宋词来,仍然是苏东坡的,不是上面那一首,而是:

缥缈红妆照浅溪,薄云疏雨不成泥。送君何处古台西。
废沼夜来秋水满,茂陵深处晓莺啼。行人肠断草凄迷。

我仍然是循环往复地默诵,一遍又一遍,一直到走下手术台。

在这样的时候,在这样的地方,我为什么偏偏又默诵起词来,而且又是东坡的,其原因我至今不解。难道这又与我当时的处境有什么神秘的联系吗?

这样的问题,我无法解释。

但是,我觉得,如果真要想求得一个答复,也是有可能找得到的。

我不是诗词专家,只有爱好,不懂评论。可是读得多了,管窥蠡测,似乎也能有点个人的看法。现在不妨写了出来,供大家品评。

中国词家一向把词分为婉约与豪放两派,每一派中的诸作者也都各有特点,不完全是一个模样。在婉约派中,我最喜欢的是李后主、李易安和纳兰性德。在豪放派中,我最欣赏的是苏东坡。

原因何在呢?

我想提出一个真正的专家学者从来没有提过的肯定是野狐谈禅的说法。为了把问题说明白,我想先拉一位诗人来作陪,他就是李太白。我个人浅见认为,太白和东坡是中国几千年的文学史上两位最有天才的最伟大的作家。他们俩共同的特点是:为文如万斛泉涌,不择地而出,文不加点,倚马可待。每一首诗词,好像都是一气呵成,一气流转。他们写的时候,笔不停挥,欲住不能;我们读的时候,也是欲停不能,宛如高山滑雪,必须一气到底,中间绝无停留的可能。这一种气或者气势,洋溢充沛在他们诗词之中,需然不可抗御。批评家和美学家怎样解释这个现象,我不得而知,这现象是明明白白地存在着的,我则丝毫也不怀疑。

我在下面举太白的几首诗,以资对比:

长安一片月,万户捣衣声。
秋风吹不断,总是玉关情。
何日平胡虏,良人罢远征。

明月出天山,苍茫云海间。
长风几万里,吹度玉门关。

蜀僧抱绿绮,西下峨眉峰,
为我一挥手,如听万壑松。

你无论读上面哪一首诗,你能中途停下吗?真仿佛有一股力量，一股气势，在后面推动着你，非读下去不行，读东坡的词，亦复如是。这就是我独独推崇东坡和太白的原因。

这种想法，过去并没有明确地意识到过，它埋藏在我心中有年矣。白内障动手术是我平生一件大事，它触动了我的内心，于是，这种想法就下意识地涌出来，东坡词适逢其会自然流出了。

我的文艺理论水平低，只能说出，无法解释，尚望内行里手有以教我。

2000年3月20日

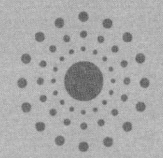

第三辑　西方与中国文化

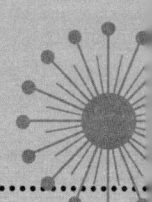

拿来和送去

在世界上所有的文明大国中，古代典籍传留下来在质和量的方面都独占鳌头的，只有中国一国。这个说法完全符合事实，毫无夸大之处。典籍是最重要的文化载体。古代典籍是我们中华民族对世界人民，对世界文化一个伟大的贡献。

在过去漫长的封建社会中，有的统治者也曾用大力整理过，比如清代的乾隆皇帝就曾亲自过问，遴选了几位大学士，集天下最有成就的大学者，用上几年的时间，编选了一部有名的《四库全书》，没有刻版印行，只命人缮写了七部，分贮全国一些地方。乾隆的用心或者动机并不是善良的，他想消灭一些书或者消灭一些书的有忌讳的部分。但是效果应该说还是好的，《四库全书》保全了一些书免遭毁灭的厄运。

在解放前，上海商务印书馆影印了一大批古籍，编为《四部丛刊》。上海中华书局排印了一套《四部备要》，两套丛书都是皇皇巨著，异曲同工，起到了传播与保存古籍的双重作用，受到了海内外广大读者的欢迎，动机与效果完全统一。

最近若干年以来,在改革开放的影响下,在弘扬中华民族优秀文化正确方针的指导下,又有一些有识之士,用不同的方式整理、编纂优秀古籍。在群峰并峙的形势中,《传世藏书》以其独特的编选方式,投入巨大的资金,邀集众多的学者,横排,简体字,所有入选的古籍都加上标号,穷数年之力,采用最好的纸张,使用最高的印刷技术,实行严格的审校制度,反复核校,最后出之以最美的装帧。这样细致审慎的操作规程,称之为前无古人,恐怕亦非过分夸大。好在全书一百二十三巨册已经出齐,明眼人自能衡量其价值,徒托空言,不足为凭。

关于此书的意义与价值,我想提出几点个人的看法。最近几年,我在很多文章和发言中提出了一个观点:文化交流是推动人类社会前进的主要动力之一。如果没有国家与国家间、人民与人民间的文化交流,今天人类社会是个什么样子,简直无法想象。我认为,在人类历史上,最大的文化交流是东西两大文化体系之间的交流。以中国文化为核心的东方文化,其基础或出发点是综合的思维模式,表现在哲学思想上是"天人合一"。最有代表性的说法是宋代大哲学家张载的"民,吾同胞。物,吾与也"。西方文化自希腊罗马起一直发展到今天的欧美文化,其基础或出发点是分析的思维模式,表现在行动上是"征服自然"。在中国汉唐时期,主宰世界的是东方文化。西方自文艺复兴,特别是产业革命以后，征服自然，成绩彪炳。到了今天，在衣食住行各个方面，都有巨大的创造与成就，全世界莫不蒙受其利。

然而征服自然，从一开始就孕育着危险性。到了今天，弊端日益明显，大气污染，环境污染，生态平衡破坏，臭氧层出洞，如此等等，不一而足。原来，大自然虽既非人格，亦非神格，却是能惩罚善报复的，以上列举的诸弊端就是报复与惩罚的结果。如果人类再不悬崖勒马，后果真不堪设想。救之之方只有一个，就是以东方"天人合一"的思想和行动济西方"征服自然"之穷，我称之为"东西文化互补论"。

《传世藏书》所收典籍中蕴含着中国文化的精华。不仅是中国学者，连西方一些有识之士也感到了西方文化所产生的弊端，必救之以东方文化。当年鲁迅先生提倡"拿来主义"，是想输入西方的科技文化，使中国富强起来。到了今天，人类所面临的处境既然如此险恶，而西方大部分人——我看，中国也一样——却还懵懵懂懂，高枕不醒。我们只有一个办法，就是采用"送去主义"，送去的方法和工具颇多，把《传世藏书》弘扬四海，就是有效的办法之一。

再过几年，一个新的世纪就来临了。我虔诚希望，人类能聪明起来，认真考虑拿来与送去的问题，认真考虑我的"东西文化互补论"。

1997年3月26日

"拿来主义"和"送去主义"

美林按:这是我为《中国文化》写的一篇"学人寄语",原文只有四百多字。我想到,这个题目颇有点意义,而《中国文化》读者远远少于"夜光杯"。因此我就扩大了一些篇幅刊登在这里。

中华文化,历史悠久,博大精深,影响广被,人所共知。其所以能有这样的成就,并不是从天上掉下来的,而主要是由于中华民族的智慧高,创造力强。还由于中华民族敢于而且善于吸收外国文化中的精华,从而丰富了自己的文化。中国古人所谓"有容乃大",正可以用在这里。鲁迅先生所说的"拿来主义",也指的是这种现象。

我个人认为,我们人民不但奉行"拿来主义",而且也奉行"送去主义"。我们在"报之以琼瑶"方面一向是毫不吝啬的。我们古代先民的四大或者更多的大发明,我们都慷慨大方地送了出去。仅就造纸和印刷术这两项发明来说,它们对传播文化,推动人类社会的前进所起的作用,是无论怎样评价也不会过高的。因此,在伊斯兰运动初期,在阿拉伯和波斯一带就流传着一个说法:希腊人只有一只眼睛,而中国人有两只。前者只有理论,而后者却有技术。这并非中国人自己"夜郎自大",而是外国人所做出的公正客观的评价。

但是,世界上甚至宇宙间的万事万物无时不在变动,绝无永驻不变之理。自从西方的工业革命以后,西方人在"征服自然"的方针的指导下,创造了灿烂辉煌的文明,使全世界人民皆蒙其利。但是,"物极必反"。到20世纪末,这些灿烂辉煌的文明所产生的弊端或者甚至灾害,已日益明显。这些弊端如不铲除,必将影响全人类生存的前途。连西方的有识之士,如英国的汤因比,都已经看到。但可惜可悲的是,西方的一些"天之骄子"们还在懵懵懂懂,垫高了枕头大睡其觉,宛如"盲人骑瞎马,夜半临深池",危在旦夕矣。中华继续实行"送去主义",此正其时。在这里,我对《中国文化》寄予诚挚的厚望。

1997年12月23日

我们要奉行"送去主义"

20世纪二三十年代,鲁迅先生提出了"拿来主义"的主张。我们中国人,在整个20世纪,甚至在20世纪以前,确实从西方国家拿来了不少的西方文化的精华,这大大地推动了我们教育、文化、科研,甚至政治、经济等方面的发展,提高了我们的文化水平,丰富了我们的物质生活和精神生活。这是一个历史事实,谁也无法否认。当然,伴随着西方文化的精华,我们也拿来了不少的糟粕。这是不可避免的,有时候精华与糟粕是紧密相连的。

十几年前,也就是在上一个世纪的最后一段时间内,我曾提出了一个主张:"送去主义"。拿来与送去是相对而言的。我的意思是把中国文化的精华送到西方国家去,尽上我们的国际主义义务。我的根据何在呢?

我们中华民族是伟大的民族,在过去几千年的历史上,我们有过许多重要的发明创造,四大发明是尽人皆知的,无待赘言。至于无数的看来似乎是细微的发明,也出自中国人之手,其意义是绝不细微的。我只介绍一部书,大家一看便知,这部书是:阿里·玛扎海里的《丝绸之路》。至于李约瑟的那一部名著，几乎尽人皆知，用不着我再来介绍了。如果没有中国的四大发明，人类社会的进步，人类文化的发展，将会推迟几百年，这是世界上有点理智的人们的共识，绝不是我一个人的"老王卖瓜"也。

然而，日往月来，星移斗转，近几百年以来，西方兴起了产业革命，科学技术的发展突飞猛进，在不太长的时间内，影响遍及全世界。当年歌德提出了一个"世界文学"的想法，我们现在眼前却确有一个"世界文化"。最早的殖民主义国家，靠坚船利炮，完成了资本主义原始积累的任务。后来的帝国主义国家，靠暂时的科技优势，在地球村中，为非作歹，旁若无人，今天制裁这个国家，明天惩罚那个国家，得意洋洋，其劣根性至今没有丝毫改变。在这样的情况下，在西方，除了极少数有识之士外，一般人大抵都以"天之骄子"自命，认为宇宙间从来就是如此，今后也将万岁千秋如此，真正是"其愚不可及也"。他们颇有点类似中国旧日的皇帝，认为自己什么都有，无所求于任何其他民族。据说，西方某个大国中，有知识的人连鲁迅这个名字都没有听说过。其极端者甚至认为中国人至今还在吃鸦片，梳辫子，裹小脚。真正让人啼笑皆非，这样的"文明人"可笑亦复可怜！

现在屈指算来，西方以及世界其他国家已经从中华民族优秀文化中拿走了不少优秀的精华，他们学习了，应用了，收到了效果，获得了利益。但是，仍然有许多精华，他们没有拿走，比如中国传统的伦理道德，其中有糟粕，也有精华，其精华部分对世界人民处理天人关系、人与人的关系，以及个人心中感情思想中的矛盾时会有很大的助益。眼前全世界都大声疾呼的环保问题实际上是西方人"征服自然"的恶果，中国的"天人合一"的思想，如能切实行之，必能济西方之穷。我们眼前，由于人所共知的原因，科技在某些方面确实落后于西方。但是，我们也不能说是一点创造发明都没有，一点先进的东西都没有，比如改革开放，由计划经济转入市场经济而获得成功，对世界上其他国家就很有借鉴的价值。

这些东西如珠子在前，可人家，特别是西方人，却偏不来拿。

怎么办呢？你不来拿，我们就送去。

我们首先要送去的就是汉语，"射人先射马，擒贼先擒王"，汉语是"王"。中华民族的优秀文化大部分保留在汉语言文字中。中华民族古代和现代的智慧，也大部分保留在汉语言文字中。中国人要想弘扬中华民族的优秀文化，外国人要想学习中华民族的优秀文化，都必须首先抓汉语。为了增强中外文化交流，为了加强中外人民的理解和友谊，我们首先必抓汉语。因此，我们要奉行送去主义，首先送出去的也必须是汉语。

此外，汉语本身还具备一些其他语言所不具备的优点。50年代中期，我参加了中共八大翻译处的工作。在几个月的工作过程中，我逐渐发现了一个从来没有人提到过的现象，这就是：汉语是世界上最短的语言。使用汉语，能达到花费最少最少的劳动，传递最多最多的信息的目的。我们必须感谢我们的祖先，他们给我们留下了汉语言文字这一瑰宝。过去的几千年，我们在这里暂且不谈。仅就目前十几亿使用汉语言文字的人来说，他们在交流思想，传递信息方面所省出来的时间简直应该以天文数字来计算。汉语之为功可谓大矣。

从前听到有人说过，人造的世界语，不管叫什么名称，寿命都不会太长的。如果人类在未来真有一个世界语的话，那么这个世界语一定会是汉语的语法和英文的词汇。洋泾浜英语就证明了这一点。这种说法虽然近乎畅想曲，近乎说笑话，但其中难道一点道理都没有吗？

说来说去，一句话：我们要奉行"送去主义"，这既有政治意义，也有学术意义。

2000年1月11日

谈文学交流

近若干年以来，我逐渐形成了一个颇为自信的观点：文化交流是推动人类社会前进的重要动力之一。我们简直无法想象，如果没有历史上的文化交流，我们今天的社会会是一个什么样子。

文化交流的范围极为广博，天文地理，医卜星象，科学技术，哲学思想，伦理道德，宗教信仰，以及人类社会的方方面面，旮旮旯旯，下至草木虫鱼，花果菜蔬，无一不在交流范围以内。但是，据我个人的观察和思考，在众多的交流对象中，文学交流历时最久，领域最广，影响最大，追踪最易。文学交流中包含民间文学，比如寓言、童话、小故事等，都是民间老百姓创造出来的。民间文学，同其他文化交流对象一样，最少保守性，最少保密性，一旦被创造出来，便立即向外传播，不分天南和海北，不分民族和国家，无远弗届。这样的例子比比皆是，举不胜举，我只举一个以概其余。19世纪德国比较文学史大家T.本费埃（Benley）追踪印度著名的寓言童话集《五卷书》，写成了一部巨著，描述了《五卷书》在大半个世界流传演变的情况，其国家之众多，语言之繁杂，头绪之交叉，线索之迷离，真令人惊诧不已，谁也不会想到一部简单的寓言童话集竟会有这样大的生命力，竟会有这样的迷人感人的力量。像《五卷书》这样的事例，研究中外文学交流的，特别是中外民间文学交流的专家们都知道得很多很多。在中外文学交流中，民间文学的交流实居首位。《五卷书》确实没有以整本书的形式传入中国，但是其中的一些寓言、童话和小故事，确亦传入中国，在中国民间故事以及文人的创作中，在极其悠久的历史上，蛛丝马迹，确能寻出。

回溯一下两千多年的中外文学交流的历史，我们能够发现，在先秦时期已有外国文学传入的痕迹，主要是印度文学。例如，"狐假虎威"的故事见于《战国策》。还有一些其他的故事，看上去都不像是中国土产。这一点西方的汉学家早就指出过。可能受外国影响的最突出的例子是《楚辞》，《离骚》已有一些域外的色彩和词句，《天问》中特别突出，其中一些类似荒诞的神话，与以《诗经》为代表的黄河流域的文学创作，迥异其趣。有人怀疑是来自域外，特别是印度，这种怀疑是极有根据的。估计这些神话传说不是通过当时还没有开辟的丝绸之路传进来的，而是通过那一条滇缅道路，这一条道艰险难行，却确实是存在的。

到了汉代，由于丝绸之路的凿通，中外文化交流达到了第一个高峰。中国对于输出文化，其中包括科学技术的发明创造，从来是不吝惜的。我们大度地把我们的四大发明送了出去，这些发明对促进人类文化的发展以及人类社会的进步，都起了决定性的作用。同时，我们对吸取外来文化也绝不保守，只要对我们有用的东西，不管来自何方何国，我们都勇敢地拿过来为我所用。肇自汉代的丝绸之路就是一个彰明昭著的证据。但是，在文学交流方面，却找不出很多的东西。我个人认为，不是没有，而是我们的探讨研究工作还没有到家。印度佛教于汉代传入中国，是文化交流史上的一件大事。后汉三国时代的译经，可以算是文学交流的一种形式。

南北朝时期，五胡乱华，中原板荡，众多的民族逐鹿于北疆，宋、齐、梁、陈偏安于南国；然而文化交流却并没有停止。在文学交流方面，主要是输入，输入又主要来自印度。在印度的，多半是随着佛教进来的影响，中国汉语文学创作增添了很多新内容，名目庞杂的鬼神志怪之书大量出现。此事鲁迅在《中国小说史略》中论之颇详。连伪书《列子》中都有印度的故事，至于对诗歌创作至关重要的四声，本是中国汉语中所固有的东西，可是，我们以前对它并没有明确的认识。也由于印度古典文献的启迪，终于被发现了，被我们清晰地意识到了，这在中外文学交流史上也不能算是一件无关重要的小事。

唐代又是中国历史上一个非常辉煌的朝代，兵力遍及西域，从而保证了丝路的畅通。首都长安几乎成为世界经济和文化的中心，从向达的《唐代长安与西域文明》中可以看出当时中外文化交流之兴旺频繁。在文学交流方面，也同样可以看出非常活跃的情况。唐代传奇颇受印度文学的影响。王度的《古镜记》从内容到结构形式，都能够找到印度文学的痕迹。至于那些龙女的故事，当然都与印度文学有关，因为龙女本身就是一种舶来品。对此，霍世休做过比较深入的探讨。也有人主张，连韩愈的《南山》，在结构方面，都受到了一些印度的影响。在其他方面，外来的成分也可以找到一些，这里就不再一一列举了。

唐代以后，经过宋、元、明，中外文学交流一直没有断过，不过不像六朝和唐代那样显著而已。明末清初，是中外交流的一个空前转折时期。过去的交流，东部以日本为主，西部以印度、波斯为主。到了此时，欧风东渐，中国的文化交流主要以欧洲为对象了。天主教取代了佛教的地位，澳门成了主要的交流通道。交流对象以天文历算、科学技术为主，其间也杂有文学艺术。有人考证，古希腊的《伊索寓言》已于此时传入中国。绘画方面，有郎世宁的作品，技巧是西方的，有时也流露出一点华夏画风。到了19世纪，中西双方相互摸索的时间已经够长了，双方的相互了解已经大为增强了。中国方面少数有识之士，比如林则徐、魏源等等，冲破了闭关锁国的桎梏，张开眼睛看世界，喜见西方世界之昌盛，深感夜郎自大之可笑，遂锐意介绍，积多年之努力而纂成的魏源的《海国图志》可以作为一个代表。此书在日本产生了良好的影响。据说，此书对1868年的明治维新也不无贡献。在中国方面，19世纪末的"洋务运动"表现出中国一部分开明人士向西方寻求救世良药的努力。这个运动最初效果并不十分显著，但它是顺应时代潮流的，是无法抗御的，它自然会持续发展下去，一直到了20世纪。

20世纪是公元第二个千纪的最后一个世纪。在这一百年里，人类社会的进步速度超过了过去的几千年，好像物理学上物体下坠的定理一样，速度越来越快。就拿20世纪之初和世纪末相比，其速度也是极为悬殊的。现在的地球已经小成了一个"地球村"，虽相距千里万里也能朝发夕至。因此，文化交流，其中当然包括文学交流，越来越方便，越来越频繁，效果也越来越显著。在李岫教授等写作的这一部《20世纪中外文学交流史》中，对文学交流的方方面面都做了细致深刻的叙述和分析，这实在是一件功德无量的事，值得我们大大地予以赞扬的。

文学交流的意义何在呢？我个人认为，物质方面的文化交流能提高世界人民的生活水平。而文学交流则属于精神方面的文化交流，它能提高世界人民的精神境界，能促进世界文学创作的繁荣，更重要的是能促进世界上不同民族的相互了解，增强他们之间的友谊和感情,而最后这一点是极其重要的。世界人民,不管肤色多么不同,语言风习多么歧异,但是,他们却有一个共同的愿望:他们要和平,不要战争;他们要安定,不要祸乱;他们要正义,不要邪恶。20世纪在这方面做出了很坏的榜样,一百年内,狼烟四起,战乱不断,两次世界大战震古烁今。有的大国,手握原子弹和指挥棒,以世界警察自命。这些邪恶现象引起了全世界的公愤。转瞬21世纪即将来临,这邪恶现象必将会继续下去。遏止之方不是没有,但是最重要的还要依靠人民的力量。文学交流是沟通人们的心灵和加强团结斗争的重要渠道。

1999年12月8日

本文为《20世纪中外文学交流史》序

谈西学东传

多少年来，我逐渐形成了一种看法或者主张，我认为，文化交流是推动人类社会发展，促进人类科技文化增长，加强人民与人民间、政府与政府间相互理解，增添感情的重要手段之一。这绝不是我个人的凭空臆想，而是有历史事实为根据的，我的主张是能站得住的。

我们中华民族是伟大的民族，几千年来我们的发明创造，传出了中国，传遍了世界。其中四大发明更是辉煌无限，尽人皆知。我们甚至可以说，如果没有中国的四大发明，人类文化发展的进程将会推迟的。至于那一些比较小的发明创造，更是难以计数。英国学者李约瑟关于中国科技史的名著，是许多人都熟悉的。我在这里不再重述。我只举一本大家也许还不太知道的书，说明同一个问题，这就是伊朗裔的法国学者阿里·玛扎海里的《丝绸之路》，其中讲了许多中国的发明创造，虽不像四大发明那样辉煌，但意义并未减少。这一些看起来极其微末琐细的发明创造，对人类文化的发展，对人类生活的方便，同样做出了重大的贡献，且莫等闲视之。

上面说的是中华民族送出去的东西。在过去两千多年中，我们也同样拿来了很多很多的有用的东西。现在从最大的宏观上来看，在中国历史上外来文化大规模的传入共有两次：一次是汉代起印度佛教的传入，一次就是从四百年前起西方天主教，后来又加上了基督教的传入。两次传入，从表面上来看，都是宗教的传入；但从本质上来看，实际上传入的是文化，是哲学，是艺术，是技术，等等。没有这两次的传入，我们今天的科技和文化的发展绝不会是现在这个样子。这是一件事实，没有争辩的余地。

佛教在这里先不谈，这不是我要谈的题目，我只谈天主教和基督教。虽然西方信仰耶稣的宗教在中国唐代已经以景教的名义传入中国，但是影响不大。真正有影响的是明末清初天主教的传入。晋代佛教高僧道安对弟子们说过两句话："不依国主，则法事难立。"这两句话是从经验中得来的，完全符合实际情况。佛教如此，天主教亦何独不然。天主教所依的最初不是国主，而是大臣和艺术家学者，前者可以徐光启为代表，后者的代表当首推大画家吴历。到了清代康熙皇帝统治时期，这一位大皇帝并不一定为天主教义所动，然而他的目光犀利，看到了西方科技的重大意义，亲自学习西方的几何学。皇帝的榜样有力量，清代颇出了几个大数学家。到了20世纪，西方文化猛烈冲击"东方睡狮"，如暴风骤雨，惊涛骇浪，中国人民接受了这个挑战，在短短一百年的时间内，从一个半封建半殖民地国家，达到了今天的社会主义社会的初级阶段，其进步之速超过了过去的一千年。

由于种种人所共知的原因，今天的中国青年，有的产生了信仰危机，思想浮躁不安，对世间事有些茫然。有识之士憬然忧之，大家一致提出来要提高人民的，特别是青年的人文素质教育和伦理道德教育。我个人认为，这种想法是完全正确的，有远见卓识的，是"及时雨"。

但是，要做好这一件工作却并不容易。为之之法，其道多端。首先，要对青年进行爱国主义教育，让他们知道，中华民族对世界做出过重大的贡献，今后还将做出更重大的贡献，作为一个中国人是很值得骄傲的。一个人只能有一次生命，必须实现人生的价值，才对得起这仅有的一次生命。麦当劳，肯德基，可口可乐加雪碧；比萨饼，加州面，卡拉OK，美容院，这样的生活，虽然也能增加一些人生乐趣；但是，天天这样，就毫无意义。我希望，我们中国人，特别是青年人，要认识到自己对国家和后世子孙的义务。我们都是人类进化无尽长河中的一段，承前启后，是跑接力赛中的一棒，我们这一棒跑不好，会对全局产生恶劣影响。这就是爱国主义。但是，同时我们又必须认识到，我们对世界也负有义务，这就是国际主义。真正的爱国主义与国际主义，不但没有矛盾，而且是相辅相成，互相依存的。我个人认为，人类前途还是光明的。能否真正光明，就决定于各国人民能否做到爱国主义与国际主义相结合。

怎样才能让中国青年认识到这一点呢？办法多种多样。其中之一就是让他们认识到，一个人、一个民族、一个国家，都不能离开别的人、别的国家、别的民族而完全独立生存。人类都是要互相帮助、互相依存，而文化交流尚矣，就连我在上面说的麦当劳、肯德基等等也是文化交流的结果。

2000年1月16日

本文为《西学东传人物丛书》序

西化问题的侧面观

什么是西化问题呢？这我似乎有点明白，又似乎不明白。理论方面我总觉得有点深奥；所以十几年前当许多名流学者热烈讨论这问题的时候，我从来没有这样大的勇气和决心把一篇讨论西化问题的文章从头到尾看完过。只知道最初有什么全盘西化的论调，后来又有人出来提倡中国本位文化，真可以说是热闹。但我却像一个看足球决赛的旁观者，陪球员高兴一阵，甚至手舞足蹈的时候都有；终于还是回家睡大觉，人家的胜负与我毫不相干。不过我想在这里附带说一句：倘若当时参加讨论的名流学者们能把一百年以前俄国学者讨论西化或斯拉夫本位文化的文章拿来看一看，也许可以省下许多笔墨纸张。

理论既然不明白，那么我们就谈几个实际的例子吧！不过我仍然要声明，连这几个实际例子我也未必真明白，只是觉得似乎有点明白了而已。

我们先谈飞机。倘若真正要西化的话，无论是不是"全盘"，飞机大概总要"化"过来的。我这话似乎又有语病，因为一直到现在还有人认为飞机也是"古已有之"的。据说孙膑或墨子曾制过能在空中飞行的木鸢,这就是现代飞机的始祖。这样一来,似乎西洋的飞机还是从我们中国"化"去的。我不反对这说法,这是替我们黄帝子孙们增光的事情。不过,我们的木鸢不但没变成飞机,甚至连木鸢现在也看不见了。人家的飞机却天天在我们的天空里飞。没有办法,只好还是到西方去学,而且现在也就正在学中。

学成了会成什么样子呢?这我有点说不上来。我虽然上下古今乱谈,但究竟没学过算卦,现在不能预言。无已,我们就先谈从外国买来的飞机吧!

飞机买来的时候,大概还是新的。于是就有人来驾驶,天天在天空里飞。我们的驾驶员并不笨,也能像西洋人一样耍出许多花样,或者还更多。当飞机落到地上,他们从里面走下来的时候,样子异常地神气。穿了全副的美式配备,臂上挂了如花的少女,高视阔步,昂然走在街上。虽然他们现在是在地面上,但看神气却仍然仿佛从天空里往下看一样,这些凡人们在他们眼里都只像蚂蚁一般大小。世界是属于他们的。

就这样,一天天地下去。他们愈来愈神气,飞机也愈来愈旧。间或这里掉了一个螺旋,那里缺了点什么,或者什么地方应该擦一点油了,普通大众是不会发现的;因为飞机买来是在天空里飞的，既然落到地上，管它干什么？而且我们的驾驶员们还有别的心事，每天看报纸，先要看黄金的涨落，上海比北平究竟差多少，值不值一带，这些都需要很多的精神。即便碰巧发现了飞机有点小毛病，觉得也没有什么严重，掉了个小螺旋有什么关系呢？模模糊糊对付着能飞就行了。像西洋人那样在飞机起飞前严密的检查更没有必要了。于是照常驾驶，飞机也就照常飞。然而说不定哪一天这飞机忽然"失事"了。于是报纸用大字登出来，这里打电报，那里做报告，连"最高当局"也"震怒"了，当然又下了"手令"。一时真像煞有介事。但过了不久，除了受难者的家属以外，人们对这事情都渐渐淡漠下来。报纸上也就再没有下文。当然更不会有人追问。反正自己没有被难，管这些闲事干什么？不久这件事就被埋在遗忘里。于是，天下太平，皆大欢喜。又有新买来的飞机在天空里飞。

从飞机我想到钟表。时间本来是很神秘的东西，是连绵不断的，钟表就是用来把时间分割开来的。这当然是一个很笨的无可奈何的办法，一定要有一个先决的条件，就是分割应该统一。一个地方或一个城市的时间无论如何应该一致。倘若你的表是五点，我的是十点，另外一个第三者的是十二点，那么钟表还有什么意义呢？

钟表是欧洲人发明的，关于时间统一这一点他们总算做到了。有些需要精确时间的地方甚至一分一秒都不差。但自从明末天主教士把钟表带到中国来以后，钟表大概也震惊于我们精神文化的伟大，把在欧洲时的作风渐渐改变了。满清皇宫里和贵族家里的钟表，譬如说贾府上的，改变到什么程度，因为我究竟不是历史家，有点考据不上来。没有办法，只好举眼前的例子。北平一个学校里当然有很多的钟，几乎每间办公室里都有。数目虽然多，但没有两个钟的时间是一样的。工友拿来当作标准摇铃的一个钟，也许有点年高德劭了，每天总慢走五分钟。三天以后就会慢到一刻钟。然而这就是这一院的标准时间。有人告诉工友，工友说他知道。问他为什么不拨正了，他说，只差一刻钟有什么关系呢？反正上课时间总会是五十分钟的。同时另外一个离这里不远的院里的钟，大概走得比较对一点。结果是两院摇铃的时间相差一刻钟，这里还没下课，那里已经上课了。在两院都有课的同学就真有点"伤脑筋"了。一天我看到一位德国先生用了跑百米的姿势冲进学校里来，头上满是汗。到了，他才知道，原来学校里连预备铃还没有摇。另一天，我下了课去赶汽车。计算时间可以赶得上，但汽车却早已开走了。在北平这古城里，像这样的钟还多得很。大马路旁的所谓标准钟，银行大楼上的大钟，样子都很堂皇神气，但倘若仔细观察就都有问题。有的从不知什么时候起就干脆不走。有的性急，总是走在时间前面，让时间在后面拼命追。有的性慢，反正据哲学家说，时间是永恒的，马路上又终天有热闹可看，有美国吉普车撞三轮，有军人打汽车售票生，慢慢地走着瞧吧！慌什么呢？于是这些堂皇的钟就各自为政起来。

倘若干脆不走，我不反对。因为从不知多久以来，钟表对许多人们就只是一件装饰品，像钻石戒指什么的，虽然他们原来不是用来做装饰品的。这次大战的时候，德国人有几年没有看到咖啡，一个杂志就提议把咖啡豆镶在白金戒指上代替钻石。咖啡豆都有当装饰品的资格，何况钟表呢？欧洲的，恐怕我们中国的也一样，贵夫人赴夜会的时候，穿了晚礼服，脖子上挂了真的或假的珠子，手腕上带了金表，珠光宝气，炫人眼睛。但一说到时间，就回头问自己的丈夫。原来她们的表从买来后就没有走过。所以有一个时期我想提议：以后替太太们制手表，里面不必用机器，只用一块金子，做成表形，用笔画上钟点就行了。倘若这位太太喜欢八点钟，就画上八点；倘若她喜欢九点钟，就画上九点；依此类推，无论什么时候看，都只是一个样，这多有意思？还可以从她们喜欢的钟点上替她们起诨名，譬如八点太太、九点太太，等等。心理学家可以从这里推测这些太太们的个性。象征派诗人也可以从这些钟点上幻想出这些太太们的灵魂是红的，或是绿的，岂不很热闹有趣？反正人们都知道太太们的金表多半是不走的，不会误事。

但我们的钟表却偏不这样简单，它们也走也不走。我们不知道它们什么时候走，什么时候不走；哪一只走，哪一只不走。在钟表没有输入以前，我们中国人大概是颇快乐的。"日出而作，日落而息"，这多么简单明白？太阳反正不会罢工，而且有目共睹。当时虽然也有什么漏，但也只是贵族人家的玩意儿，与一般平民无干。"山中无历日，寒尽不知年"，不是一直到现在还有许多人向往这境界么？但钟表却偏要挤进来。据一位哲学家说，我们中国的思想是有"完整性"的，用我的话说，就是混沌一团。可惜自从钟表挤进来以后，这"完整性"有点难于保持了。这真是大可哀的事情。

另外一件大可哀的事情就是抽水马桶的输入。以前我在北平读书的时候，常听到刚回国的留学生们的伟论，读到他们的文章。既然镀过金了，再看到我们这古老的国家，就难免有许多感慨。但第一件让他们不满意的却是在中国有很多地方没有抽水马桶。这当然有很充足的理由。谁不知道坐抽水马桶的干净方便呢？但也有一个先决条件，就是用过后一定要拉一拉链子，或按一按钮子，让水流下来，把马桶冲洗干净，不要让后来的人掩鼻而过之。这件事看来虽简单，但却复杂。连认为中国没有抽水马桶就是野蛮的象征的留学生们，当他们还没回国的时候，就常常因为用过马桶后不放水冲洗因而被外国房东赶出来。他们回国后怎么样呢？这我有点说不上来。反正在我们中国，只要有抽水马桶的地方——我先声明，这种地方恐怕只有上等人才能住——就难免有上面说的那种现象。从前一位厕所诗人有两句名句："板斜尿流急，坑深粪落迟。"这多么有诗意？拉链子，按钮子，抽水，真未免有点太"散文的"了。虽然有点气味，但"入鲍鱼之肆"，久了也就嗅不到了。我想恐怕只有这样有诗意的地方才是我们中国人安身立命之处。

同抽水马桶可以相提并论的是有自来水的白瓷洗脸盆。这也是从西方来的玩意儿。脸盆当然我们从很早就有，虽然不是像西洋一样装在墙上，上面有冷热水龙头的。顾名思义，脸盆当然是用来洗脸的。但据我所知道，正像中国的许多官吏，它也有兼差。普通是用来盛什么东西，也可以用来洗菜和面。有的人早晨用它来洗脸，晚上再用来洗脚。这我总觉得有点不雅，大概可以算是很下乘的了。不过比这更下乘的还有。我在中学的时候有一位住同屋的同学，他的脸盆，早晨用来洗脸，晚上洗脚，夜里小便。每天早晨起来的时候，先到厕所把小便倒掉，稍稍用水一洗，立刻就再倒上水洗脸。一天早晨他起得比较晚一点，工友进来送洗脸水，看到脸盆里面有黄色的液体，以为不过是茶水什么的，就把热水倒在里面。这位同学起来一看，心里当然比谁都明白，但又懒得再喊工友。于是拿过毛巾肥皂来，就用手往脸上捧水。脸上的汗毛一根都不动。我一直到现在还佩服这位英雄。

西洋来的有自来水的白瓷洗脸盆到了中国以后是不是得到同样的命运,我没有看见,不能乱说。但它们的命运却也不太好。我们中国同胞强迫它们兼差。兼了多少差,我没有统计,也不能乱说。有一种差使却很普遍,到处可以发现。我去年夏天在南京一个国立什么馆住的时候,最初因为人还不多,大体还过得去。后来人渐渐多了,每天早晨到盥洗室去洗脸的时候,总发见白洋瓷盆里面满是水果皮,花生皮,喝过的茶叶;开了自来水,不用胶皮塞,水也不会流下去。下面装的泄水的管子等于虚设。到了北平也发现同样的现象。我们宿舍里盥洗室里的白洋瓷盆也永远不往下漏水,里面仍然是水果皮,花生皮,喝过的茶叶。贴了布告,仍然没用。看来恐怕还是我们的国粹老瓦盆好,可以随处挪动。即便里面丢上水果皮什么的,只须拿出来一倒,立刻就又干净了。这不比装在墙上有冷热水龙头的永远不能挪动的白洋瓷盆好得多么?

我开头说到,我不懂什么是西化问题,只能举几个实际的例子。现在例子举出来了,但这与西化问题究竟有没有关系呢?我想不出来。想来想去,自己也有点糊涂起来了。在糊涂之余,我忽然做了一个梦。在梦里有人告诉了我下面的故事:

有一位外国教授,因为看到人们天天吃猪肉,但猪的本身和它住的地方却实在有点不干净，这样的肉吃到肚子里当然不会好的。于是就替猪们建筑了一座屋子，四壁洁白，光线充足，空气流通，地上还铺了洋灰。洗澡吃东西都有一定的地方，器具也都漂亮洁净。把猪们引进去以后，满以为大功告成，心里异常高兴。但过了不久，猪却接二连三地死起来。他以为猪本身有了病，于是把这群死猪拖出来，把屋子消过毒，又引进一群新的去。但过了不久，猪又接二连三地死起来。现在这位教授只好去找兽医了。检查的结果是因为过于兴奋不安，心脏扩大而死。原来猪们看了这样洁白的墙，这样干净的地，这样充足的光线，心里怕起来，日夜坐卧不宁，终于死掉。

　　故事到这里为止。但这故事离题却有点太远了。难道这也会同西化问题有什么关系么？这我说不上来。正面看西化问题，我没有这能力。侧面看呢，仍然没看出什么道理来。既然在糊涂之余在梦里听到这故事，就把这故事写下来做个结束吧。

1947年1月16日于北平

漫谈出国

当前,在青年中,特别是大学生中,一片出国热颇为流行。已经考过托福或GRE的人比比皆是,准备考试者人数更多。在他们心目中,外国,特别是太平洋对岸的那个大国,简直像佛经中描绘的宝渚一样,到处是黄金珠宝,有四时不谢之花,八节长春之草,宛如人间仙境,地上乐园。

遥想六七十年前,当我们这一辈人还在念大学的时候,也流行着一股强烈的出国热。那时出国的道路还不像现在这样宽阔,可能性很小,竞争性极强,这反而更增强了出国热的热度。古人说:"凡所难求皆绝好,及能如愿便平常。""难求"是事实,"如愿"则渺茫。如果我们能有"前知五百年,后知五百年"的神通,我们当时真会十分羡慕今天的青年了。

但是,倘若谈到出国的动机,则当时和现在有如天渊之别。我们出国的动机,说得冠冕堂皇一点就是想科学救国;说得坦白直率一点则是出国"镀金",回国后抢得一只好饭碗而已。我们绝没有幻想使居留证变成绿色,久留不归,异化为外国人。我这话毫无贬意。一个人的国籍并不是不能改变的。说句不好听的话，国籍等于公园的门票，人们在里面玩够了，可以随时走出来的。

但是，请读者注意，我这样说，只有在世界各国的贫富方面都完全等同的情况下，才能体现其真实意义，直白地说就是，人们不是为了寻求更多的福利才改变国籍的。

可是眼前的情况怎样呢？眼前是全世界国家贫富悬殊有如天壤，一个穷国的人民追求到一个富国去落户，难免有追求福利之嫌。到了那里确实比在家里多享些福；但是也难免被人看作第几流公民，嗟来之食的味道有时会极丑恶的。

但是，我不但不反对出国，而是极端赞成。出国看一看，能扩大人们的视野，大有利于自己的学习和工作。可是我坚决反对像俗话所说的那样："牛肉包子打狗，一去不回头。"我一向主张，作为一个人，必须有点骨气。作为一个穷国的人，骨气就表现在要把自己的国家弄好，别人能富，我们为什么就不能呢？如果连点硬骨头都没有，这样的人生岂不大可哀哉！

专就中国而论，我并不悲观。中国人民的爱国主义是根深蒂固的，这都是几千年来的历史环境造成的，不是天上掉下来的。现在中国人出国的极多，即使有的已经取得外国国籍；我相信，他们仍然有一颗中国心。

1998年11月12日

汉语和外语

问题的提出

我们正处在20世纪的世纪末中,也可以说是处在第一千纪的千纪末中,再过几年,一个新的世纪,21世纪和一个新的千纪,第二千纪,就要来到我们眼前。值此世纪和千纪转轨之际,学术界的各门学科都在进行回顾与前瞻,我们语言学界当然也不会例外。在过去将近一百年中,我们学术界以及学术界以外一些人士,对待外语的态度有天翻地覆的转变。总的发展趋势是,由世纪初的漠然懵然进到了世纪末的肃然狂然。时至今日,不但在中小学都有了英文教学,连给店铺起名,给商品命名,给新生婴儿起名字,都非带点洋味不行;连官方的电台也称之为BTV,如此等等,不一而足。这是好事呢,还是坏事?这是进步呢,还是退化?兹事体大,非三言两语可以说清楚的,这里先不深入探讨。但是,我个人总认为,这是势所趋,这是世界潮流所向,九斤老太头摇得再厉害,也无济于事。

但是，我们语言学界也不能独立独行，我们也不能反潮流，我们也必须在回顾与前瞻的基础上思考与语言有关的问题。问题是千头万绪，绝不能毕其功于一役。我先提出一个在我们日常活动中和学术研究中汉语与外语的关系问题，来谈一谈我个人的看法。

当前的情况

社会上一般的情况，我已在上面稍有所涉及，我在这里集中谈学术界的情况，特别是北京大学的情况，后者是有些代表性的。

北大是处在社会中的，并非世外桃源。社会上弥漫着外国热——简短截说，实际上就是英语热——当然会波及北大；不但波及，而且变本加厉。可是根据我多年仔细地观察与体会，我终于发现，尽管在这里英语热热得发烫，但是，该学的人中却有不爱学者，而在学习的人中，学习的方式和目的都令人担忧。

什么叫"该学的人"呢？我首先指的是教师，而且不是哪一科的教师，而是所有的教师。到了今天，大家都会承认，所有的国家，所有的学科，都是世界性的、国际性的，哪一科也不能自我封闭，闭关锁国。如果真想这样做的话，其无前途完全是可以断言的。就拿中国国学来说，表面上来看，这是中国的学问，中国学者不通外语，完全能够玩得转的。然而，如果不是井蛙观天而放眼世界的话，则立刻就能发现，别的国家也在研究我们的"国学"，而且由于研究基础和传统的不同，由于研究角度和方式的差异，往往能发我们所未发之覆。这样的例子比比皆是，俯拾即得，不承认是不行的。中国古人早就认识到这个真理了，他们说："他山之石，可以攻玉。"讲的就是这个道理。外国汉学家往往喜欢搞一些很小很偏僻的题目，搞一些我们中国国学家所疏忽不注意的题目，搞一些由于语言条件的限制而我们搞不了的课题。这些题目完全可以弥补我们的不足，使我们的国学研究涵盖面更广，钻研得更深。这会大大地有利于我们的国学研究，彰彰在人耳目，不言自明。至于国学以外的其他国际通行的学科，我们更需要随时了解世界各国同行们的研究情况，绝不允许闭门造车，其道理更是人人都能明白的，解释反而会成为赘疣。

能做到这一步，必须通外语。

现在北大流行一种说法：我们的学科要与外国接轨。我认为这个说法提得好，提得鲜明生动，是不易之理，也是我们中国学术界进步的表现。但是，如果想接轨，必须首先知道，轨究竟在什么地方，否则自己的轨往哪里去接呢？乱接一气，驴唇对不上马嘴，接这样的轨有什么用处呢？

真想接轨，必须通外语。

事实上，有一些轨就在眼前，比如说到外国去参加国际学术讨论会，出席的基本都是同行的学者，这些就是摆在眼前的轨，要想接立刻就能接上。然而，"眼前有轨接不得，只缘缺乏共同语"。我曾多次参加国外举办的国际学术讨论会。有时候我国派出去规模相当大的代表团，参加者多为著名的学者，个个满腹经纶，学富五车，在国内国际广有名声。如果请他用中国话做学术报告，必然是广征博引，妙语连珠，滔滔如悬河泻水，语惊四座。然而，我们的汉语，虽然在世界上使用的人数居众语的前列，可惜由于种种原因还没有能争取到国际学术通用语的地位，一出国门，寸步难行。没有哪一个在国外召开的学术会议规定汉语为会上发表论文的通用语，我们只好多带翻译。然而有不少会议规定，参加主席团不能带翻译，宣读学术论文不能带翻译。于是不会说洋话的代表团长（在国内往往是个官）只好退避三舍，成为后座议员。而有一些很有价值的优秀论文也得不到向国外同行们显示的机会。

在会议休息时，往往到大客厅里去喝点咖啡或茶，吃点点心，这正是不同国家的学者们交流感情、增强友谊的好时机。每一位学者手端一杯饮料，这里聊上几句，那里侃上一阵，胡谈乱侃中，往往包含着最新的学术消息。如果有共同的语言，这真是如鱼得水，不费吹灰之力，就能"秀才不出厅，便知天下事"。

然而可惜的是我们中国的学者，只带了一张嘴，然而却没有带语言工具，除了点头微笑之外，连"今天天气，哈，哈，哈"都说不出来，尴尬之态可掬，只好找中国人扎堆儿谈话。

参加国外学术会议，必须通外语。

我在上面举的这几个必须学习外语的例子，只是顺手拈来，一点求全的意思也没有。真想求全，是办不到的，也是没有必要的。我觉得，仅仅这三个小例子也足以令人触目惊心了。我谈的对象也绝不仅仅限于大学的圈子，这个圈子以外的所有的科研机构中的人员，都应当包括在里面的。至于政府部门，不管是经济、教育、法治、国防，等等，都必须同外国同行或非同行打交道。语言不能沟通，必须配备翻译，翻译必须学外语，而且还要学好外语，这属于常识之例，用不着多说了。

我现在想从另外一个角度来谈一谈学习外语的必要性。不管是在大学，还是在科研部门，研究学问第一步要懂目录学，特别是与自己研究的学科有关的目录学，这是必不可少的一步。中国有造诣的学者，比如说乾嘉诸大师以及西方各门学科有成就的学者，无不如此。不通目录学，不看新杂志，你连一个值得研究的题目都不会找到。研究学问，不能闭着眼睛捉麻雀。一个题目，特别是在自然科学内，如果别的国家的学者已经研究过，而且已经得出了结果，你懵懵无知，又费上力量，从事研究。如果真出现这种情况,将会贻笑士林,无颜见人。在人文社会科学中,情况与此稍有区别。比如一个庄子,别人能研究,你当然也能研究。因为人文社会科学有一些题目不是丁是丁卯是卯,同一个题目结果也能够而且允许不同的。即使是这样,人文社会科学工作者也必须了解国内外与自己研究有关的进展情况,与自己看法相同的可以增加研究信心,与自己看法不同的可以供自己进一步推敲和思考。而且研究学问,不是创作写诗,你必须认真搜集资料,资料越多越好,要有"竭泽而渔"的气魄。古代学者只搜集中国材料就足够了。我们处于今天信息爆炸的时代,搜集资料只限于中国是绝对不行的,必须放眼世界。这是时势使然,不这样做,是不行的,而想做到这一步,必须学习外语。

根据上面的极简短的说明,人们已经可以知道,在当前中国,学习外语的重要性已昭如日月。我既讲了北大的教师,也讲到了北大以外的科学工作者。很可惜在这些人中,不懂外语的和所懂不多的,人数并不算太少。更可惜的是,他们自我感觉极为良好,对学习外语的重要性似乎一点也不理会。我希望,这种局面能够尽快改变。

在"该学的人"之外,我还必须提到一类"学者",我的意思是指"学的人"或者"爱学的人"。他们爱学外语,当然是一件绝大的好事。但是我又说到,他们学习的方式和目的都令人担忧。这是什么意思呢？这一类人中，青年学生较多。他们学习得非常刻苦，除了上正课以外，有的还参加什么"英语强化班"，有的简直到了废寝忘食的程度。他们真懂得了学习外语（首先是英语）的重要性了吗？倘你进一步深入了解，可以说，在一种特殊的意义上，他们是懂得的。英语是一把金钥匙，可以帮他们打开出国的大门，可以帮他们拿到绿卡，可以使他们异化为非中国人。这是学习的目的，目的决定学习方式。指导他们学习的指挥棒就是大名鼎鼎的托福和GRE。这两个指挥棒怎样指挥，他们就怎样跟着转，不肯也不敢越雷池一步。这样学外语会得到一个什么结果，可以想见。抱着这样的目的，使用这样的方式来学习外语，难道不令人担忧吗？

我对出国留学的看法

读了上面我写的那一些话，也许有人会怀疑我是反对出国留学的。

不，不，绝对不是这样。我不但不反对中国青年学生出国留学，而且真诚地积极地希望和帮助他们这样做。不但年轻学生，连并不年轻的教员，不管是哪一门学科的，我都希望他们能够出国看一看，学一学，时间可长可短，走的国家可多可少，访问和学习的方式可以多种多样。多少年来，世界各国的人士都承认，现在的世界越变越小了。不但"鸡犬之声相闻,老死不相往来"的时代早已被我们远远地抛在后面,连法显、玄奘、义净时代到天竺去取经要经过艰难跋涉,千辛万苦的情况,也早已成为历史陈迹。当今之世,出国千里万里,朝发夕至,人类连当年被认为是"天上宫阙"的月球都能够登上。要想再当井底之蛙,是绝无可能的。何况我们这一些在大学或其他科研机构学习和工作的人,更需要放眼世界,否则学习和工作都绝无前途。因此我才有上面说到的那些想法和希望。

但是,我希望我们中国的老、中、青年的学者们,甚至包括一些学生在内都能够到国外去看一看,学一学,其目的同当前的人数不能算是太少的青年们努力通过托福和GRE考试的目的是绝对不相同的,是针锋相对的。我希望,他们看一看,学一学之后还要回到我们的祖国来,用看到的和学到的本领来建设我们的国家。而那些兀兀穷年,废寝忘食努力学习外语,通过必要的测试终于到了外国的青年人,他们的最终目的是能拿到绿卡,放弃了中国国籍。正如中国俗话所说的那样:肉包子打狗,一去不回。

我是坚决反对和蔑视这种行为的。

但我自己并不是一个极端狭隘的民族主义者。在今天的世界上,放弃一个国籍,取得一个新国籍,这完全是个人的行动,并不是犯法的行为。可是我觉得对这个问题必须做具体的分析,不能眉毛胡子一把抓。所谓"具体的分析"者,就是要看为什么,在什么时候,加入什么国家,放弃什么国家。这话太玄虚,还是直白地说为好。我不讲别的国家,只讲中国与美国。中国是一个穷国,而美国是一个富国,就眼前来说,这是最大的区别。嫌贫爱富,虽然说是人之常情,但是却一向为中国伦理道德所鄙视。西方国家的伦理道德可能是完全不一样的,他们可能认为这是正常和正当的行为,别人无权说三道四。

但是,在中国则不然。前几年,我曾写过一篇文章《一个老知识分子的心声》。其中我谈到,几千年来,中国的知识分子养成了两个突出的特点,一个是爱国主义,一个是讲骨气,二者有联系,又有区别。存在决定意识,这两个特点也是中国历史存在所决定的。中国从先秦起,每一个朝代都有"边患",也就是外敌的侵略和骚扰。这些外敌今天可能已融入中华民族大家庭中;但在当年却是敌人,屠杀我人民,强占我土地。这种长达几千年的外敌压境的情况,就决定了中华传统的爱国主义。像岳飞、文天祥、林则徐等等家喻户晓的爱国人物,没有外敌的国家是不会产生的。

至于讲骨气,则与此有联系,又有区别。在外寇的斧钺前面,决不贪生怕死,这也是爱国主义的一种表现。在别的地方,中国人也讲骨气。宁愿饿死也不吃嗟来之食,几千年来在中国传为美谈。三国时候,祢衡击鼓骂曹;民国时候,章太炎赤足持扇胸佩大勋章站在新华门前痛骂袁世凯;解放前夕,朱自清忍饥不吃美援面粉,如此等等,都传为佳话,表现了中国人民的硬骨头。

眼前,我们国家社会正处在转型时期,由于众多的原因造成了我们仍然是一个穷国,人们,当然包括知识分子在内,工资极低,同国外比较起来,简直让人感到寒碜和脸红。我认为,这只能是一个暂时的过渡现象,将来一定会改变的。我们眼前的日子确实过得非常紧,可并没有看到哪一个知识分子真正挨饿的。而且按照中国古老的传统,越是在困难中越应该显出我们的骨气。"岁寒然后知松柏之后凋也。"这句话道出了中国知识分子的心声。

然而,可悲的是,这一个在世界民族之林中也能称得上独特的值得称扬的优良传统,今天已被许多中国青年人忘掉了,忘得无影无踪了。为了生活得好一点,多捞一些美元,竟忍气吞声心甘情愿地住在一个中国人被视为不知是几等(反正连二等也够不上)公民的国家里,天天吃着嗟来之食,我真想问一声:美国的黄油面包你咽得下去吗?自己国家的事办不好,有骨气的人都应当咬一咬牙,排除万难,把自己的事办好,焉得厚着脸皮赖在人家的国家里不走!

请大家千万不要误会,我并不是笼统地反对加入外国国籍。有的中国人,虽然入了美国籍,但身在异域,心悬中华,想方设法,帮助祖国办好教育,搞好科研,希望祖国真正富强起来。这样的人,在别的国家是极少见的。有的西方国家的人,一旦异化为美国人,就弃自己原来的祖国若敝屣,这同他们缺少真正的爱国主义这一件事实是密切相连的。

但是,话又说了回来,我对那些极少数身处异域,心悬中华的人,虽然有点尊敬;但是,我的尊敬是有限度的。在我的心理天平上,这种人同学成回国宁愿一箪食一瓢饮的人,分量是有相当大的悬殊的。

语言,特别是外语的功能

上面的话扯得太远了,还是收回来谈语言问题为宜。

语言是什么?如果硬钻牛角,世界上许多语言学派都有自己对语言下的定义,我个人觉得,这些定义都有片面的道理,但都有偏颇之处。我在这里不是写论语言的专著,我想完全不理会那些定义,我想只用传统的对语言的看法也就够了,这种看法就是语言是人类交流思想的工具。这是不是就是想说,只有人类才有思想,因而才有思想交流的工具。也还不这样简单。人类中有哑巴一种人,他们无语言而有思想,想要交流,只能靠手势。至于他们如何理解外在的世界,恐怕永久会成为一个谜。除非哑巴忽然能说话了,别人实无法越俎代庖。这问题我在这里先不谈。

至于禽兽有无语言,我知道,国外个别语言学家是主张禽兽也有语言的。这个问题同我现在要谈的问题无关,我在这里也先不谈。

我现在谈语言的功能,特别是外语的功能。对我们懂汉语又懂外语的人来说,同外国人交流思想,外语是绝对不可缺少的。然而,我却听说,30年代一个国民党政府驻意大利的公使(那时候还没有大使)只用一个意大利文相当于汉语"这个"的词儿,就能指挥使馆里的意大利工作人员完成他的指示。比如说,他指着窗子说"这个""这个"。意大利人一看窗子,如果是开着,就把它关上;如果是关着,就把它打开。于是任务完成,皆大欢喜。其余的事情可依此类推。宋代赵普以半部《论语》治天下,我们的公使先生以"这个"一词治大使馆,古今异曲同工,堪称佳话。然而外语之为渺乎小矣!

这当然是一个极端的例子,然而确实是事实。如你不信,我再举一个例子。50年代我随中国科学院代表赴东德开会,在莫斯科旅馆中碰到一位中国民主妇联的领导人,一位著名的国际活动家。她是从中国到日内瓦去开会的,孤身一人,一个翻译也没有带,而她自己又下那一位公使一等,连外语的"这个"也不会说。然而竟能行万里路,从容不迫。我们私下议论,实在猜不透她在路上是怎样生活的。这也是一个事实。外语的功能又显得渺小了。

但是,我必须郑重声明,这些个别的例子,虽为事实,实不足为训。那一位到了日内瓦参加会议时必定会用翻译的。那一位公使在外交谈判中只用"这个",也是办不到的。我绝不是劝人不学外语,而是劝人外语学得越多越好。我只想告诉读者,汉语和外语的功能都不是绝对化的。我们不是哑巴能够说话,但有时还未免要动用手势。中国古时就有言意之辨,言是难以尽意的。不管怎样,我个人的经验是,掌握汉语或外语越好,则动用手势越少;反之则越多,而产生误会的机会也就越多,这种情况有时会影响思想交流,影响社会生活。在关键时刻,还会贻误"戎机",产生极其恶劣的影响。因此我们必须尽上一切力量掌握好汉语和外语。

翻译的危机

一个人掌握一种外语,已极不易,遑论多种!但是,居今之世,国与国之间必须打交道,打交道就必须靠翻译。这已是常识,不必多谈。

中国是最早的有翻译的国家,在先秦典籍中,已有翻译的记载。自从汉代印度佛教传入中国以后，中印高僧以及其他一些中亚民族的高僧，从事译经工作者，代不乏人。明末欧风东渐，又掀起了一股从西方语言译为汉文的高潮。此外，还有古今少数民族，如藏、蒙、回鹘等等，也都翻译了大量的佛典。到了近代和现当代，翻译的范围日益扩大，翻译的功能日益显著。在某一些方面，已经到了没有翻译就无法过日子的程度了。

从上面极其简略的叙述中，我们已经可以断言，从古至今，从实践到理论，中国都可以算是世界翻译第一大国。然而，根据我个人的经验和观察，中国现在存在着相当严重的翻译危机。我们翻译的量不是世界第一；我们翻译的面也不是世界第一；我们翻译的及时程度更不是世界第一。在这些方面，日本都走在我们前面。我个人没有研究过日本的翻译，他们的质量怎样，我不敢瞎说。但是，我们中国当前的翻译质量却不能不令人忧心忡忡。我接触的翻译并不是太多；但是，仅就我接触到的那一些来说，质量或多或少是有问题的，其中原因很多。有的译者外语水平不高，又不肯下死功夫去学习，急功近利，靠翻字典来翻译。有的人自以为是，连字典也不肯翻，抓住一本书，就译开了。其结果如何，不问可知。出版社的所谓责任编辑，有的通外语，有的通之不多，他们有的不肯核对原文。社会上，出版界，又缺乏有力的审查和监督制度。我认为，这是一种极不负责的态度。现在有某一些译本，不用查原文，仅从汉文不通之处，就能推知译文是有问题的。可惜这种危机现象还并没有能引起社会上，尤其是文艺界和学术界的普遍关注，一味听之任之，文恬武嬉，天下太平。

然而，我的心里面却无论如何也太平不下去，我深深知道翻译的重要性。从外国原作者来说，不管他们的学问多么大，书写得多么精彩，对不懂原书的语言的外国人来说却都是像天书一般。谁也没有如来佛那样大的本领，有天眼通，有天耳通，能识尽人世间一切文字和语言。在世界各国，不管你能通多少外语，反正不能尽通。像这样能通多种外语的人，还不得不依靠翻译，遑论他人！就全体而论，我们中国人，尽管谁也不敢说我们缺少学习外语的天才，可是，事实上，我们由于种种原因，同东方一些国家相比，我们中国的外语水平还是比较低的。专以英文水平而论，我们的普遍性和水平较之印度，甚至亚洲和非洲的一些国家，还是有相当差距的。不承认这一点，不能算是实事求是的态度。

学习外语，浅尝辄止，似乎并不困难。但要精通，却必须付出极大的劳动，还必须有相当高的才能。二者缺一不可。我举口译做一个例子。50年代和60年代前半，周恩来总理接见外宾，形形色色，除了政治家之外，有时也会有著名的学者和艺术家。

这时候陪同会见的人中往往有中国的学者和艺术家、文学家等参加，我也有幸多次参加这样的会见。在这样的场合，口头译员是必不可少的。有时候，在外宾离去后，周总理往往让中国陪同人员留下，谈一谈刚才招待的情况。外宾在时，我的任务只不过是揖让进退，鞠躬如也，奉陪末座，一言不发。外宾一走，我们这些刚才是木雕泥塑的人，现在也活了起来，必须开口说话了。有一次，周总理含笑问翻译说："今天你又贪污了多少呀？"翻译也笑着回答说："不多，不多！至多不过百分之二十。"此时，郭沫若也在座，他接起话头说："我在日本住了多年，家中说的是日本话。但是，如果今天让我担任日语口译，我最多也只能翻到百分之八十。能有这个成绩，就应该表扬了。"总理点头称是。

又有一次，还是这样的场合，周总理对外宾说话时，使用"倚老卖老"这样一句俗话，翻译虽然译出来了，但感到有点困难。这一点总理也注意到了。于是在外宾离去后，他就同大家讨论"倚老卖老"究竟如何译为英文才算妥帖。大家七嘴八舌，最终也没有找到一个大家都满意的不失原文韵味的译法。

这仅仅是两个例子，但从中也足以看出口译之困难。口译难，笔译也不易。在这两方面，我个人都有不少经验与教训。我曾学习过不少的外语，但是，有的已经交还给老师。在剩下的那些外语中，笔译我使用过五六种，其中包括那一种稀奇古怪的吐火罗文。从梵文中译成汉文的最多，巴利文、英文和德文都有。口语能应用到一定程度的，只有英文和德文。口译工作我也曾作为临时客串担任过，其中困难，我所深知。端坐罗满山珍海味的宴桌前，食难下咽，如坐针毡。大约只有干过这一行的，才能知道其中的滋味。至于我的口译究竟贪污了多少，那就概难言矣。在这里，我还必须声明一句：我对有一些外语都是用过十年寒窗的苦功的，绝非仓促临阵磨枪。

我刺刺不休地说这些话有什么用呢？我只想说一点，就是学习外语并不容易。我在下面还会谈到这个问题。这同今天的翻译危机有什么瓜葛呢？我个人认为，今天翻译之所以有危机，最根本的原因就是，有一些译者有意或无意地认为学习外语很容易。我们必须下定决心，力矫这种弊端，然后我们外语界才有希望。

学习哪一种外语

我在上面多次谈到学习外语的重要性。但是，在世界上，民族林立，几乎都各有各的语言或方言，其数目到现在仍然处在估计阶段，究竟有多少，没有人能说得清楚。至于语言的系属和分类的方法，更是众说纷纭，一直也没有大家都承认的定论。

一个明显的问题摆在我们眼前：我们中国人要学习哪一种或

几种外语呢？这个问题在中国实际上已经解决了，学校里，科研单位，社会上，都在学习英语，而这个解决方式是完全正确的。

当年马克思和恩格斯共同领导世界共运时，根据传记的记载，他们二人之间也有所分工，马克思主要搞经济问题和理论研究，恩格斯分工之一是搞军事研究，在他们的圈子里，恩格斯有一个绰号叫"将军"。至于语言，二人都能掌握很多种。希腊文和拉丁文在中学就都学过，马克思能整面整段地背诵古希腊文学作品。据说他们对印度的梵文也涉猎过。他们二人都能用德、英、法文写文章。德文以外，用英文写的文章最多，这是当时的环境使然，不足为怪。恩格斯更是一个语言天才，磕磕巴巴能说十几种外语。他们同家属一起到北欧去旅游，担任翻译的就是恩格斯。

总起来看，他们学习外语的方针是：需要和有用。

60年前，当我在德国大学里念书的时候，德国文科高中毕业的大学生，在中学里至少要学三种外语：希腊文、拉丁文、英文或法文。拉丁文要学八年，高中毕业时能用拉丁文致辞。德国大学生的外语水平，同我们中国简直不能同日而语，这对他们不管学习什么科都是有用的。欧洲文化的渊源是古希腊的罗马，他们掌握了这两种语言，比如英文、法文、荷兰和北欧诸国的语言，由于有语言亲属关系，只要有需要，他们用不着费多大的力量，顺手就能够捡起。据我的观察，他们几乎没有不通英文的。

总之，他们学习外语的方针依然是：需要和有用。

我们中国怎样呢？我们学习外语的目的和方针也不能不是需要和有用。

拿这两个标准来衡量，我们今天学习外语首当其冲的就是英语。而近百年来我们的实践过程正是自觉或不自觉地遵守了这个方针。五四运动前，英语已颇为流行。我们通过英语学习了大量的西方知识，连德、法、俄、意等国的著作，也往往是通过英语的媒介翻译成了汉文的。五四运动以后，有些地方从小学起就开始学英文。初中和高中都有英文课，自然不在话下。山东在教育方面不是最发达的省份，但是，高中毕业生都会英文。学习的课本大概都是《泰西五十轶事》《天方夜谭》《莎氏乐府本事》，等等，英文法则用《纳氏文法》。从这些书本来看，程度已经不算太浅了。可是，根据我的观察和经验，山东英文水平比不上北京、上海等地的高中毕业生。在这两个地方，还加上天津，有的高中物理学已经采用美国大一年级的课本了。

总而言之，简短截说一句话，中国100年以来，学习外语，选择了英文，是完全合情合理的，是顺乎世界潮流的。

大家都知道，英文是英国、美国、加拿大、澳大利亚、新西兰等国的国语。连在印度，英文也算是国语之一。印度独立后第一部宪法规定了英文作为印度使用的语言的使用期,意思是,过了那个时期,英文就不再是宪法规定的使用语言了。但是,由于印度语言和方言十分繁杂,如果不使用英文,则连国会也难以开成。英文的使用期不能不无限期地延长了。在非洲,有一些国家也不得不使用英文。在今天的世界上,英文实际上已经成了"世界语"了。

说到"世界语",大家会想到1887年波兰人柴门霍夫创造的Esperanto。这种"世界语"确实在世界上流行过一阵。中国人学习的也不少,并且还成立了世界语协会,用世界语创作文学作品。但是,到了今天,势头已过,很少有人再提起了。此外还有一些语言学又制造过一些类似Esperanto之类的人造语言,没有产生什么效果。有的专家就认为,语言是自然形成的,人造语言是不会行得通的。

可是,据我所了解到的,有人总相信,世界上林林总总的人民,将来有朝一日,总会共同走向大同之域,人类总会有,也总需要有一种共同的语言。这种共同语言不是人造的,而是自然形成的。但形成也总需要一个基础,这个基础是哪一种语言呢?从眼前的形势来看,英文占优先地位。但是,英文能不能成为真正的"世界语"呢?我听有人说,英文单独难成为"世界语"的。英文的结构还有一些不合乎人类思维逻辑的地方。有的人就说,最理想的"世界语"是英文词汇加汉语的语法。这话初听起来有点近似开玩笑。但是,认真考虑起来,这并非完全是开玩笑。好久以来,就有一种汉文称之为"洋泾浜英语",英文称之为Pidgin English的语言,是旧日通商口岸使用的语言。出于需要,非说英语不行,然而那里的中国人文化程度极低,没有时间,也没有能力去认真学习英语,只好英汉杂烩,勉强能交流思想而已。这种洋泾浜英语,好久没有听说了。不意最近读到《读书》,1998年第3期,其中有一篇文章《外语为何难学?》一文中讲到:语言具有表达形式与表达功能两套系统。两套系统的"一分为二"还是"合二而一",直接影响到语文本身的学习。作者举英语为例:儿童学话,但求达意,疏于形式,其错误百出,常令人惊愕。如I done it(I did it)(我做了);She no sleeping(She is not sleeping)(她没有睡);Nobody don't like me(Nobody likes me)(没有人喜欢我)。这表示功能与形式有了矛盾,等到上学时,才一一纠正。至于文盲则"终身无悔"了。当它作为外语时,这一顺序则正相反,即学者已经具备表达功能,缺少的仅仅是一套表达形式。作者这些论述给了我许多启发。三句例子中,至少有两句合乎洋泾浜英语的规律。据说洋泾浜英语中有no can do这样的说法,换成汉语就是"不能做"。为什么英国小孩学说话竟有洋泾浜英语相类似之处呢?这可能表示汉语没有形式变化,而思维逻辑则接近人类天然的思维方式。英语那一套表达形式中有的属于画蛇添足之类。因此，使用英语词汇，统之以汉语语法，从而形成的一种世界语，这想法不一定全是幻想。这样语言功能与表达形式可以统一起来。这种语言是人造的，但似乎又是天然形成的，与柴门霍夫等的人造的世界语，迥异其趣。

怎样学习外国语？

这是我经常碰到的一个问题，也是学外语的人容易问的一个问题。我在1997年给上海《新民晚报》"夜光杯"这一栏一连写了三篇《学外语》，其中也回答了怎样学习外语的问题。现在让我再写，也无非是那一些话。我索性把那三篇短文抄在这里，倒不全是为了偷懒。其中一些话难免与上面重复，我也不再去改写了，目的在保存那三篇文章的完整性。话，只要说得正确，多听几遍，料无大妨。

(一)

现在全国正弥漫着学外语的风气，主要的学习是英语，而这个选择是完全正确的。因为英语实际上已经成了一种世界语。学会了英语，几乎可以走遍天下，碰不到语言不通的困难。水平差的，有时要辅之以一点手势。那也无伤大雅，语言的作用就在于沟通思想。在一般话中，思想绝不会太复杂的。懂一点外语，即使有点洋泾浜,也无大碍,只要"老内"和"老外"的思想能够沟通,也就行了。

学外语难不难呢?有什么捷径呢?俗语说:"天下无难事,只怕有心人。"所谓"有心人",我理解,就是有志向去学习又肯动脑筋的人。高卧不起,等天上落下馅儿饼来的人是绝对学不好外语的,别的东西也不会学好的。

至于"捷径"问题,我想先引欧洲古代大几何学家欧几里德(也许是另一个人。年老昏聩,没有把握)对国王说:"几何学里面没有御道!""御道",就是皇帝走的道路。学外语也没有捷径,人人平等,都要付出劳动。市场卖的这种学习法、那种学习法,多不可信,什么方法也离不开个人的努力和勤奋。这些话都是老生常谈,但是,说一说绝不会有坏处。

根据我个人经验,学外语学到百分之五六十,甚至七八十,也并不十分难。但是,我们不学则已,要学就要学到百分之九十以上,越高越好。不到这个水平你的外语是没有用的,甚至会出娄子的。我这样说,同上面讲的并不矛盾。上面讲的只是沟通简单的思想,这里讲的却是治学、译书、做重要口译工作。现在市面上出售为数不少的译书,错误百出,译文离奇。这些都是一些急功近利,水平极低而又懒得连字典都不肯查的译者所为。说句不好听的话,这些都是假冒伪劣的产品,应该归入严打之列的。

我常有一个比喻：我们这些学习外语的人，好像是一群鲤鱼，在外语的龙门下洑游。有天资肯努力的鲤鱼，经过艰苦的努力，认真钻研，锲而不舍，一不耍花招，二不找捷径，有朝一日风雷动，一跳跳过了龙门，从此就成了一条外语的龙，他就成了外语的主人，外语就为他所用。如果不这样做的话，则在龙门下游来游去，不肯努力，不肯钻研，就是游上100年，他仍然是一条鲤鱼。如果是一条安分守己的鲤鱼，则还不至于害人。如果不安分守己，则必然堕入假冒伪劣之列，害人又害己。

做人要老实，学外语也要老实。学外语没有什么万能的窍门。俗语说："书山有路勤为径，学海无涯苦作舟。"这就是窍门。

（二）

前不久，我写过一篇《学外语》，限于篇幅，意犹未尽，现在再补充几点。

学外语与教外语有关，也就是与教学法有关，而据我所知，外语教学法国与国之间是不相同的，仅以中国与德国对比，其悬殊立见。中国是慢吞吞地循序渐进的，学了好久，还不让学生自己动手查字典，读原著。而在德国，则正相反。据说19世纪一位大语言学家说过："学外语有如学游泳，把学生带到游泳池旁，一一推下水去；只要淹不死，游泳就学会了，而淹死的事是绝无仅有的。"我学俄文时,教师只教我念了念字母,教了点名词变化和动词变化,立即让我们读果戈理的《鼻子》,天天拼命查字典,苦不堪言。然而学生的主动性完全调动起来了。一个学期,就念完了《鼻子》和一本教科书。实践是检验真理的唯一标准,德国的实践证明,这样做是有成效的。在那场空前的灾难中,当我被戴上种种莫须有的帽子时,有的"革命小将"批判我提倡的这种教学法是法西斯式的方法,使我欲哭无泪,欲笑不能。

我还想根据我的经验和观察在这里提个醒:那些已经跳过了外语龙门的学者们是否就可以一劳永逸地吃自己的老本呢?我认为,这吃老本的思想是非常危险的。一个简单的事实往往为人们所忽略,世界上万事万物无不在随时变化,语言何独不然!一个外语学者,即使已经十分纯熟地掌握了一门外语,倘若不随时追踪这一门外语的变化,有朝一日,他必然会发现自己已经落伍了,连自己的母语也不例外。一个人在外国待久了,一旦回到故乡,即使自己"乡音未改",然而故乡的语言,特别是词汇却有了变化,有时你会听不懂了。

我讲点个人的经验。当我在欧洲待了将近11年回国时,途经西贡和香港,从华侨和华人口中听到了"搞"这个字和"伤脑筋"这个词儿,就极使我"伤脑筋"。我出国之前没有听说过。"搞"字是一个极有用的字,有点像英文的do。现在"搞"字已满天飞了。当我在80年代重访德国时,走进了饭馆,按照四五十年前的老习惯,呼服务员为hever ofer,他瞠目以对。原来这种称呼早已被废掉了。

因此,我就想到,不管你今天外语多么好,不管你是一条多么精明的龙,你必须随时注意语言的变化,否则就会出笑话。中国古人说:"学如逆水行舟,不进则退。"要时刻记住这句话。我还想建议:今天在大学或中学教外语的老师,最好是每隔五年就出国进修半年,这样才不致被时代抛在后面。

(三)

前不久,我在"夜光杯"上发表了两篇谈学习外语的千字文,谈了点个人的体会,卑之无甚高论,不意竟得了一些反响。有的读者直接写信给我,有的写信给"夜光杯"的编辑。看来非再写一篇不行了。我不可能在一篇短文中答复所有的问题,我现在先对上海胡英琼同志提出的问题说一点个人的意见,这意见带有点普遍意义,所以仍占"夜光杯"的篇幅。

我在上述两篇千字文中提出的意见,归纳起来,不出以下诸端:第一,要尽快接触原文,不要让语法缠住手脚,语法在接触原文过程中逐步深化。第二,天资与勤奋都需要,而后者占绝大的比重。第三,不要妄想捷径,外语中没有"御道"。

学习了英语再学第二外语德语,应该说是比较容易的。英语和德语同一语言系属，语法前者表面上简单，熟练掌握颇难；后者变化复杂，特别是名词的阴、阳、中三性，记得极为麻烦，连本国人都头痛。背单词时，要连同词性der、dis、das一起背，不能像英文那样只背单词。发音则英文极难，英文字典必须使用国际音标。德文则一字一音，用不着国际音标。

学习方法仍然是我讲的那一套：尽快接触原文，不惮勤查字典，懒人是学不好任何外语的，连本国语也不会学好。胡英琼同志的具体情况和具体要求，我完全不清楚。信中只谈到德文科技资料，大概胡同志目前是想集中精力攻克这个难关。

我想斗胆提出一个"无师自通"的办法，供胡同志和其他读者参考。你只需要找一位通德语的人，用上二三个小时，把字母读音学好，从此你就可以丢掉老师这个拐棍，自己行走了。你找一本有可靠的汉文译文的德文科技图书，伴之以一本浅易的德文语法。先把语法了解个大概的情况，不必太深入，就立即读德文原文，字典反正不能离手，语法也放在手边。一开始必然如堕入五里雾中。读不懂，再读，也许不止一遍两遍。等到你认为对原文已经有了一个大概的了解，为了验证自己了解的正确程度，只是到了此时，才把那一本可靠的译本拿过来，看看自己了解得究竟如何。就这样一页页读下去，一本原文读完了，再加以努力，你慢慢就能够读没有汉译本的德文原文了。

科技名词，英德颇有相似之处，记起来并不难，而且一般说来，科技书的语法都极严格而规范，不像文学作品那样不可捉摸。我为什么再三说"可靠的"译本呢？原因极简单，现在不可靠的译本太多太多了。

1997年

中餐与西餐

中国是文明古国，有四大发明或更多的发明，震撼世界，对人类的进步和福利，做出了无法代替无可怀疑的贡献，至今我们引以自豪。可惜这些都已经是过去的辉煌，"俱往矣"掩盖不住我们今天的技术落后。

今天，在全世界范围内，我们引以自豪的，只剩下了饮食一项。世界上几乎所有的大城市都有中国餐馆，有的餐馆主人并不是中国人，然而也假中国之名以招徕食客。中国人在国外混不下去的时候，也往往以餐馆为最后遁逃薮。据说，前几年，北京饭馆还不算太多的时候，巴黎中餐馆有一千多家，超过北京。我曾在世界上许多国家的中国饭馆里吃过饭，老外——按事实来讲，应该说是"老内"，因为毕竟是他们自己的国家嘛——总是趋之若鹜，看起来是吃得津津有味。看到了这现象，我心里很不是滋味，又喜又悲：现在好像只有饭馆能为国争光了！

然而在我们国内怎样呢？看了不禁令人气短。在我们国内，至少是在北京,在餐饮业界横冲直撞的是肯德基、麦当劳、比萨饼、加州牛肉面,现在又来了什么澳式快餐。喝的是可口可乐、百事可乐、雪碧等等,统统是舶来品。我不能说这些东西都不能吃,它们也确有一些自己的特点,不能一概抹煞。然而这些特点却确实没有什么了不起,比起中国饭菜饮料之博大精深,历史之悠久来,简直如小巫之见大巫。著名的英籍女作家韩素音坚决不喝可口可乐,我现在已经成了她的忠实信徒。我们的广告宣传在这方面不能不负责任。记得电视广告中有一个宣传肯德基的广告。一个小孩坐在餐桌旁,父母殷殷勤勤端来了各种中国的美味佳肴。端一样上来,小孩眉头一皱,怒气冲冲地说:"不吃!"又端一样上来,仍然是个"不吃!"最后端来了肯德基家乡鸡,小孩立即转怒为喜,眉开眼笑,说:"我就吃这个!"试问这样一个广告,除了电视台大收广告费之外,会起什么作用?会对我们的儿童,决定我国未来的命运的这些祖国的花朵起什么影响?我真不寒而栗。

　　直白地说,现在国内确实弥漫着一种无孔不入的崇洋羡(我不用"媚"字)外的风气。这种风气来源已久,冰冻三尺,非一日之寒。但是,我们必须正视这种风气的恶劣影响,不能回避。一个失去民族自信心的民族是一个没有出息的民族!

　　我相信,这只能是暂时的现象。还是那一句老话:"三十年河东,三十年河西。"将来一定会改变的。有朝一日风雷动,离开河西到河东。

1997年4月9日

从哲学高度来看中餐与西餐

中餐与西餐是世界两大菜系。从表面上来看，完全不同。实际上，前者之所以异于后者几希。前者是把肉、鱼、鸡、鸭等与蔬菜合烹，而后者则泾渭分明地分开而已。大多数西方人都认为中国菜好吃，那么你为什么就不能把肉菜合烹呢？这连一举手一投足之劳都用不着。可他们就是不这样干。文化交流，盖亦难矣。

然而，这中间还有更深一层的理由。

到了今天，烹制西餐，在西方已经机械化、数学化。连煮一个鸡蛋，都要手握钟表，计算几分几秒。做菜，则必须按照食谱，用水若干，盐几克，油几克，其他作料几克，仍然是按钟点计算，一丝不苟。这同西方的基本的思维模式，分析的思维模式，紧密相连的。我所说的"哲学的高度"，指的就是这种现象。

而在中国，情况则完全不同。中国菜系繁多，据说有八大菜系或者更多的菜系。每个系的基本规律是完全相同，这就是我在上面所说的：蔬菜与肉、鱼、鸡、鸭等等合烹。但是烹出来的结果则不尽相同。鲁菜以咸胜，川菜以辣胜，粤菜以生猛胜，苏沪菜以甜淡胜，如此等等，不一而足。我于此道并非内行里手，说不出多少名堂。至于烹调方式，则更是名目繁多，什么炒、煎、炸、蒸、煮、氽、烩等等，还有更细微幽深的，可惜我的知识和智慧有限，就只能说这样多了。我从来没见哪一个掌勺儿的大师傅手持钟表，眼观食谱，按照多少克添油加醋。他面前只摆着一些油、盐、酱、醋、味精等作料。只见他这个碗里舀一点，那个碟里舀一点，然后用铲子在锅里翻炒，运斤成风，迅速熟练，最后在一团瞬间的火焰中，一盘佳肴就完成了。据说多炒一铲则太老，少炒一铲则太嫩，运用之妙，存乎一心，谁也说不出一个道道来。老外观之，目瞪口呆，莫名其妙。其中也有哲学。这是东方基本思维模式，综合的思维模式在起作用。有"科学"头脑的人，也许认为这有点模糊。然而，妙就妙在模糊，最新的科学告诉我们，模糊无所不在。

听说，若干年前，一位著名的美籍华人学者的夫人，把《随园食谱》译成了英文，也按照西方办法，把《食谱》机械化，数学化了，也加上了几克等等。有好事者遵照食谱，烹制佳肴。然而结果呢？炒出来的菜实在难以下咽，谁都不想吃。追究原因，有可能是袁子才英雄欺人，在《食谱》中故弄玄虚；我认为，最大的可能是，这位夫人去国日久，忘记了中国哲学的精粹，上了西方思维模式的当，上了西方哲学的当。

1997年5月12日

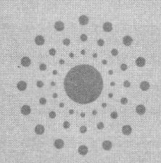

第四辑 大学与"学统"

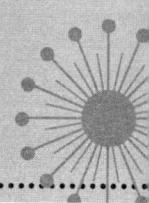

论书院

中国是世界上著名的文明古国。在全世界所有的国家中，中国是唯一的有长达几千年的延续不断的教育传统的国家。这个传统当然随着历史的发展而演变，到了19世纪末年，终于来了一个大转变：西方的资本主义教育制度传了进来，到现在也已有将近一百年的历史了。这个新教育制度，在中华人民共和国建立以后，虽经改造，基本上被保留下来。它起了很大的作用，但不能说完美无缺。为了适应社会主义建设的需要，重新对中国古今教育制度做一个全面的、实事求是的检查，显然是非常必要的。这个检查目前还只能非常简略。

一、中国历史上的教育制度

（这几节的论述主要根据毛礼锐主编的《中国教育史简编》，1984年，教育科学出版社。）

中国几千年的教育制度，从组织结构上来看，大体上可以分为两类：一官，一私。远古时期，渺茫难窥，这里不谈。公元前三千纪末到二千纪中,夏代已有"庠""序""校"三种学校。到了公元前二千纪中叶至末叶的商代,又增加了"学"和"瞽宗"。"学"有大小之分。除了训练学生祭祀和打仗之外,还进行读、写、算的教学。西周集前代之大成,初步具有了学制系统。学制系统分国学与乡学两类。国学是中央官学,乡学是地方官学。国学分大学与小学两级。大学中有天子设立的五学和诸侯设立的泮宫。乡学中有塾、庠、序、校之分。这样一套制度对其后的中国教育有深远的影响。我国古代一直沿用此制,稍加变化,改换一些名称。西周国学的教育内容包括四个方面:三德、六行、六艺、六仪,其中六艺是最基本的。所谓六艺指:礼、乐、射、御、书、数。从字面上也可以看出来,这里面文武兼备,知识与技能并举。这种教育制度是密切为当时的政治服务的。乡学以社会教化为务,内容有六艺、七教、八政以及乡三物等。总之,西周的教育已由殷商的宗教武士教育,转变为文武兼备的教育。

秦代实施以吏为师、以法为教的文教政策,是学校教育的一个倒退。

到了西汉,汉武帝正式制定了博士弟子员制度,兴办了太学。这在教育史上是一件大事。汉代官学分中央官学与地方官学两类,这里明显地受了西周的影响。

魏晋南北朝时期,封建官学时兴时废。

到了唐代,在初唐的一百多年内,生产发展,经济繁荣,成为世界上一个,也许是第一个强大的帝国。统治者对教育特别重视,官学达到了相当完善的地步,为以后的官学制度奠定了基础。这时的官学仍然分为两级:中央官学和地方官学。与前代不同之处在于组织更细致了,内容更丰富了。中央官学中的国子学、太学、四门学、广文馆都专修儒经。这可以说是唐代教育的主干。此外还有专修律学、算学、书学的学校,医学校,卜筮学校,天文、历算、漏刻学校,兽医学校,校书学校,等等。另外还有一些特殊学校。所有这些学校目的都是为当时的政治经济服务的。在教学行政方面,唐承隋制,设立国子监,管理六学,以祭酒为教育最高长官。国子监的职能一直保留到清代学部成立。不过明清两代,国子监常与国学、太学混称。

宋代的官学对学生入学资格逐渐放宽,教育对象不断扩大,学校类型增加了,教学内容扩大了,增设了武学和画学。

元代对我国古代地方官学有特殊贡献,创设了诸路阴阳学,发展了天文、历算等科技教育。又创设了社学,以满足农业的需要。此外还创设蒙古国子学与回回国子学。

明承元制,仍设社学,但以教化为主。国子学以学习儒家经典为主。地方官学,除治经外,礼、乐、射、御、书、数还设科分教。

清代教育制度多承前代旧制。国子监生的对象范围比以前更宽。地方官学比较普遍。教学内容仍以儒家经典为主。另设觉罗学、旗学、土苗学,等等。雍正、乾隆还设有俄罗斯学馆(堂),教汉满子弟习俄文。

我在上面简略地讲了我国古代的官学制,现在再讲一讲私学制。

古代私学包括家传与师授两种,起源极早。但是作为一种教育制度,则兴起于春秋战国之际。生产发展给私学奠定了经济基础。又由于复杂的政治斗争,需要兴私学,养士人。此外,文化下移也推动了私学的发展。在这样的情况下,私学在全国各地兴起,到了孔、墨两大显学崛起,私学发展如日中天。由此而形成的儒、墨两大学派互相攻伐,支配中国思想界达数百年之久。战国中起,百家争鸣,诸子私学蜂起。成为中国历史上最有活力的时代之一,影响深远。

到了汉代,经师讲学之风特盛。东汉私学学生人数超过太学。汉代官学和私学各有偏重,官学以今文经为主,而私学则以古文经为主,东汉末出现了综合今古的趋势,郑玄为代表。

在魏晋南北朝时期,私学稍衰,但仍盛于官学。

隋唐之际,官学繁荣,私学也极发达。隋王通私人讲学,唐代开国名臣中有一些人就出王通之门。唐代有的学者身在官学，却又私人授徒。

宋代私人讲学极为发达。南宋书院大兴。书院原为私学性质。但是，元明清书院渐有官学性质。到了后来，有的遭禁毁，有的沦为科举预备场所。

二、书院的滥觞与发展

书院是中国封建社会的一种教育组织形式，但并非中国所专有。我认为，古代希腊苏格拉底、柏拉图、亚里士多德等师徒授受的所在地叫akademe，也是一种类似中国古代书院的组织，只是后来没有像中国这样发达而已。书院以私人创造为主，有时也有官方创办的。其特点是，在个别著名学者领导下，积聚大量图书，聚众授徒，教学与科研相结合。从唐五代末到清末有一千年的历史，对我国封建社会的教育，产生过重大的影响。要读中国教育史，要研究现在的教育制度，应着重研究书院制度。从这个研究中，我们可以学习到很多有用的东西。

书院这个名称，始见于唐代。当时就有私人与官方两类。在最初，书院还仅仅有官方藏书、校书的地方；有的只是私人读书治学的地方，还不是真正的教育机构，清代诗人袁子才在《随园随笔》中写道："书院之名起唐玄宗时，丽正书院、集贤书院皆建于朝省,为修书之地,非士子肄业之所也。"但是,唐代已有不少私人创建的书院,《全唐传》中提到的有11所。这些也只是私人读书的地方。

真正具有聚徒讲学性质的书院,起源于庐山国学,又称白鹿国庠,地址在江西庐山,为著名的白鹿书院的前身。陆游的《南唐书》中有关于庐山国学的记载。总起来看,聚众讲学的书院形成于五代末期。有人主张,中国的书院源于东汉的"精舍"或者"精庐",实则二者并不完全相同。

北宋初年,国家统一,但还没有充足的力量来兴办学校,于是私人书院应运而起。庐山国学或白鹿国庠,发展为白鹿洞书院。接着有很多书院相继创建,有四大书院或六大书院之称。除白鹿洞书院外,还有岳麓书院、应天府书院、嵩阳书院、石鼓书院和茅山书院。

到了南宋,书院更为发达。其数量之多,规模之大,组织之严密,制度之完善,都是空前的,几乎取代了官学,成为主要教育机构。南宋书院发达,始于朱熹修复白鹿洞书院。后来朱熹又修复和扩建了湖南岳麓书院。书院之所以发达,原因不外是理学发展而书院教学内容多为理学;官学衰落,科举腐败;许多著名学者由官学转向私人书院;印刷术的发展提供了出书快而多的条件,而书院又以藏书丰富为特点。有此数端,书院就大大地发展起来了。

元代也相当重视文化教育事业，奖励学校和书院的建设。不但文化兴盛的江南普遍创建或复兴了书院，连北方各地也相继设立了书院。但书院管理和讲学水平都很低。

到了明初，情况又有了改变。政府重点是办理官学，提倡科举，不重视书院，自洪武至成化100多年的情况就是这样。成化（1465—1487年）以后，书院才又得复兴。至嘉靖年间（1522—1566年）达到极盛。明代书院由衰到兴，王守仁、湛若水等理学大师起了重要的作用。为了宣扬他们的理学，他们所到之处，创建书院。明代末年影响最大的是东林书院。在这个书院里，师生除教学活动外，还积极参与当时的政治活动。这当然受到统治者的迫害，天启五年（1625年），太监魏忠贤下令拆毁天下书院，首及东林，兴起了中国历史上有名的迫害东林党人的大案。

到了清初，统治者采取了对书院抑制的政策。一直到雍正十一年（1733年）才令各省会设书院，属官办性质。以后发展到了2000余所，数量大大超过前代；但多数由官方操纵，完全没有独立自主的权力，因而也就没有活力。也有少数带有私人性质的书院，晚清许多著名的学者在其中讲学。

统观中国1000多年的书院制，可以看到，书院始终是封建教育的一个重要组成部分，与统治者既有调和，又有斗争。书院这种形式还影响了日本、朝鲜和东南亚一些国家。

这样的书院制有些什么特点呢？毛礼锐主编的《中国教育史简编》对中国书院的特点做了很好的归纳。我现在简要地叙述一下。他认为特点共有五个：

1. 教学与科研相结合

书院最初只是学术研究机关，后来逐渐成为教学机构。教学内容多与每一个时代的学术发展，密切联系。比如南宋理学流行，书院就多讲授理学。明代王守仁等讲一种新的理学"心学"，于是书院也讲心学。到了清代，汉学与宋学对立，书院就重经学，讲考证。

2. 盛行"讲会"制度，提倡百家争鸣

在南宋，朱熹和陆九渊代表两个不同的学派。淳熙二年（1175年），两派在鹅湖寺进行公开辩论。淳熙八年（1181年），朱熹邀请陆九渊到自己主持的白鹿洞书院去讲学，成为千古佳话。明代"讲会"之风更盛。王守仁和湛若水也代表两大学派，互相争辩。这种提倡自由争辩的讲会制度，一直延续到清代。

3. 在教学上实行门户开放

一个书院著名学者讲学，其他书院的师生均可自由来听，不受地域限制和其他任何限制。宋、明、清三代都是如此。

4. 学习以个人钻研为主

书院十分注重培养学生的自学能力，非常重视对学生的读书指导。宋、元、明、清一些大师提出了不少的读书原则。有的编制读书分年日程。有的把书院的课程分门别类，把每天的课程分成若干节。他们都注意学生的全面发展。导师绝不提倡学生死记硬背，而是强调学生读书要善于提出疑难，鼓励学生争辩，教学采用问难论辩式。朱熹特别强调"读书须有疑"，"疑者足以研其微"，"疑渐渐解，以至融会贯通，都无所疑，方始是学。"吕祖谦更提出求学贵创造，要自己独立钻研，各辟门径，不能落古人窠臼。总的精神是要学生不断有发明创造。

5. 师生关系融洽

中国教育素以尊师爱生为优良传统。这种精神在私人教学中表现得尤为突出。书院属于私人教学的范畴，所以尊师爱生的传统容易得到体现，在官办学校中则十分困难。朱熹曾批评太学师生关系："师生相见，漠然如行路之人。"他指出，其原因在于学校变成了"声利之场"，教学缺乏"德行道艺之实"。他自己身体力行，循循善诱，对学生有深厚感情。但是，他对学生要求极严，却不采取压制的办法。他说："尝谓学校之政，不患法制之不立，而患理义之不足以悦其心。夫理义不足以悦其心，而区区于法制之末以防之，其犹决湍之水注千仞之壑，而作罂萧苇以捍其冲流也,亦必不胜也。"(见《晦庵文集》,卷74)这些话到了今天还很值得我们玩味。明代王守仁也注意培养师生感情。明末的东林书院,师生感情更是特别深厚。

上面我撮要叙述毛礼锐等的对书院特点的五点总结。在组织管理方面,书院也有特点,如管理机关比较精干,经费一般能独立自主等。

三、新教育制度的兴起

随着西方殖民主义者侵略的加强,随着清代封建统治的日益腐朽,自19世纪中叶起,中国有识之士就痛切感到,中国的政治经济等非改革不行,教育当然也在改革之列。魏源认为,理学"上不足致国用,外不足靖疆国,下不足苏民困",简直是一点用处都没有。他主张向西方学习,改造中国的传统教育。魏源以后直至19世纪末叶,有不少人说八股文无用,主张翻译外国书籍,引进外国制度。洋务运动兴起以后,新教育也随之而兴,创建新型学校,设立同文馆,学习外国语文,开展工业技术教育,创办船政学堂、机器学堂、水师学堂、武备学堂、水陆师学堂、派遣留学生,等等。1898年百日维新以后,设立京师大学堂,为现在北京大学的前身。又逐渐废科举,废八股文。经过了许多波折,以西方资本主义教育为模式的中国新教育制度基本上建立起来，在中国教育史上开辟了新的一章。

四、书院在今天的意义

我在上面非常简略地叙述了中国几千年教育发展的历史，从奴隶社会，经过封建社会，一直讲到近代受西方资本主义教育影响的新教育制度。我着重讲了书院制度。到了今天，我们已经进入了社会主义初级阶段。我们的教育已经超越了封建教育和资本主义教育。中国历史上的书院在今天还有意义吗？为什么最近几年来又出现了书院这个名称和组织呢？这是一种倒退呢，还是一种进步？这一些都是我们非思考不行的问题。

为了说明问题，我先举一个眼前的例子。1984年，北京大学哲学系中国哲学史教研室一些教师创办了中国文化书院。没有接受政府一文资助，在不长的时期内就做出了巨大的成绩，取得了惊人的发展。书院团结了一些大学和社会科学院以及其他机构已退休或尚未退休的教授和研究员；同台湾学者加强了联系；同海外华裔和非华裔学者建立了经常的巩固的关系；开办了一系列的讲座；出版了一批学术著作；建立了口述历史和为老学者录音录像的机构，等等。建立一个藏书丰富的专业图书馆的工作也正在进行。全院的同仁们正在斗志昂扬地从事书院的建设和开拓。这样的成绩当然引起了社会上的注意。在不太长的时期内，以书院命名的机构接踵兴起，形成了一股"书院热"。这些书院的兴起是否就是受了中国文化书院的影响，我不敢说，它们的详细情况，我也不清楚。我只想指出，有这样多的书院已经建立起来，这个现象值得我们思考而已。

为了回答我在上面提出的有关书院的问题，我现在想结合古代中国书院的那些特点和当前中国文化书院的经验，谈一谈书院在今天的意义。我想从六个方面来谈：

1. 书院可以成为当前教育制度的补充

我国今天的教育制度，从内容上来看，应该说是社会主义的。但是从组织上来看，基本上是西方那一套。我们同资本主义国家一样，需要大批的建设人才。封建主义那种小批量培养人才的方式，远远不能满足要求。我们只能采用西方资本主义国家的大批量的生产方式，这种方式需要有严格的教学计划、课程设置、学分计算、教学组织，一切都要标准化、计量化。资本主义国家大学里计算学分的办法，一方面能比较精确地确定学生的学习量，满了一定的学习量才能毕业；另一方面也用来确定教师的教学量，以便取得报酬。这一切都是资本主义的核心精神金钱问题所决定的。我们之所以采用这种制度，当然不是为金钱问题所左右，而是为了适应大批量培养人才的需要。

仅仅采用这样的制度够不够呢？我认为是不够的。在中国几千年的历史上,办教育一向是官、私两条路,这也可以说是一种两条腿走路吧,两者互相补充,历史证明是行之有效的。可是现在我们只剩下一条腿,只剩下官方一途,私人教育基本上不存在了。我个人认为,这无疑是一个损失。在过去执行这个政策,道理还能讲得通。今天在大家觉悟普遍提高的基础上,国家又正在进行改革,在教育方面是否也可改革一下呢?如果可以的话,提倡创办书院,鼓励私人办学,继承我国的优秀传统,实在是可以试一下的。

书院这种形式能适应今天的情况吗?我不妨先举一个例子。清华大学在建成大学以前是留美预备学校。到了20年代初,又创办了一个研究国学的机构,聘请王国维、梁启超、陈寅恪、赵元任为导师。这也是一种双轨制:一条轨道是西方式的新制度,有严格的教学计划,开设课程,计算学分,规定毕业年限,决定招生办法,都按计划进行。另一条轨道是什么计划也没有,招生和毕业都比较灵活。在一所学校内实行两套办法。如果想做比较研究,这实在是最好的样板。比较的结果怎样呢?正规制大学大批量地培养了国家建设所需要的干部,也出了一些著名的学者、教授。那个不怎么正规的国学研究部门,培养出来的人数要少得多,但几乎个个都成了教授,还不是一般的教授。这个结果实在值得我们深思。

清华的国学研究部门无书院之名，而有书院之实。它不能算是私人创办的，其精神却与古代书院一脉相通。另外一个例子是章太炎在苏州创办的国学研究所，也培养了一些人才。我在这里举的例子都属于国学范畴，其他学科我认为也是可以尝试的。这说明，私人办的书院在今天仍有其意义。古代书院那一些优良传统，比如说讲会制度，提倡自由争辩，门户开放，注意培养学生独立钻研的能力，师生关系融洽等等，我们在书院中都应该继承和发扬。只希望我们教育当局找出一种承认书院学生资格的办法，不用费很大的力量，培养人才的数量就可以增加，质量也可以提高。何乐而不为呢？

2. 书院可以协助解决老年教育问题

据说现在世界上有一个新名词，叫做"终生教育"。中国的成人教育有一部分同它类似，但似乎不包括老年教育，所以二者不完全相同。外国许多老人，在退休之后，到大学里报名入学，读硕士或博士学位。中国还没听说有这种情况。但是，今天中国人的平均寿命已经大大地提高，老人将会越来越多。有朝一日，老人教育也会成为问题的。我认为，书院可以帮助解决这个问题。

3. 书院可以发挥老专家的作用

中国人平均寿命越来越高，老教授、老专家退休后活的时间也会越来越长。这是件好事，但也带来了新问题。这些老教授、老专家退休后作用如何发挥呢？方法当然有多种多样，有的可以继续著书立说，有的可以当顾问，有的可以联合起来，搞一些社会福利事业。但是，没有适当的机构加以组织，他们的作用发挥有时会碰到困难，交流信息也会受到障碍。在今天社会上想单枪匹马搞出点名堂，几乎是不可能的。

我在这里想特别提一下博士生导师的问题。这些导师绝大部分都是有真才实学的，而且是经过了一定的选举和审批手续，才获得博士导师的资格的。他们到了年龄退休以后，有的为本校或本研究院返聘，继续指导博士生。但是也有一些，由于种种原因，拒绝返聘，不接受指导博士生的任务。现在全国博士生导师为数不多。老的退休了，新的上不来。许多大学都面临着这种青黄不接的局面。中年博士生导师，有的也有相当高的水平；可是在某一些方面，一时还难以达到老专家的水平。在这样的情况下，如果再让一些有能力的老教授老专家投闲置散，对国家是一个损失。这样下去，对我国博士生的培养工作是非常不利的。倘若有一些书院一类的机构，退休老教授乐意在里面工作，乐意指导研究生，岂非两全其美？中国文化书院就有这样的导师，可惜格于现行的制度，他们无法指导博士研究生。如果有关当局本着改革的精神，授权给某一些有条件的书院，让已经取得带博士生资格的老教授老专家在这里指导博士生，对我们国家的教育事业不是一个大贡献吗？我个人认为，将来培养博士或博士后的任务可以分一点给书院。国务院学位委员会和国家教委应该承认这样培养出来的博士的资格，并且一视同仁地发给证书。这样一来，国家出不了多少钱，既调动了退休老教授老专家的积极性，又培养了高级人才，促进了学术的发展，岂非一举数得吗？

4. 书院可以团结海内外的学者

中国文化书院聘请了一些学有专长的导师，已经退休的和尚未退休的都有；海内外的学者都有，不限于华裔。同时也不时邀请海外学者来院做学术报告或参加座谈会。特别值得一提的是，这样的学者中也有台湾学者。这在当前是非常有意义的工作，不言而喻。这样的工作由政府机构出面来做，不如由民间机构。原因是，这样可以绕开台湾当局制造的一些困难。海峡两岸的学者都有一个共同的愿望：祖国统一。不管通过什么途径来大陆的台湾学者，同大陆的同行们，共同在学术上切磋琢磨，互相启发，不谈政治问题，而心心相印。

5. 书院可以宣扬中国文化于海外

中国有极其悠久、极其优秀的文化传统，对全世界文化的发展起过重大的作用。近代以来，我们开始向西方学习，这是完全必要的。到了今天，我们强调开放，其中包含着向外国学习，这也是完全必要的。但是，既然讲文化交流，就应该在"交"字上做文章。这并不等于要等价交换，出和入哪一方面多了一点或少了一点，这无关重要。但是，如果入超或出超严重，就值得考虑。以我的看法，现在我们是入超严重，出几乎等于没有。难道我们都要变成民族虚无主义者吗？现在世界上许多文化先进国家对我国的文化，特别是近现代的文化了解得非常少，有时候简直等于零。这不利于国际大团结，也不利于我们向外国学习。可惜这种情况还没有引起应有的重视。中国文化书院任务之一，就是向外国介绍中国文化，已经做了大量的工作，今后还将坚持不懈地继续做下去。我们绝不搞那一套什么都是世界第一，那是自欺欺人之谈。但也绝不容许中外不管什么人士完全抹杀中国文化的精华。那也不是实事求是的态度。

6. 书院可以保存历史资料

从中国文化书院的经验来看，书院可以在保存历史资料方面做不少的工作。中国文化书院目前正在进行的有关这方面的工作有两项：一是记录口述历史；一是为老学者老专家录音录像。这都是有意义的工作，还带有点抢救的性质。这里的工作对象当然不是什么国家显要人物。但是难道只有国家显要才有被录音录像的资格吗？为这些人进行这样的工作，很有意义，我完全拥护。为并非显要而在某一方面有点贡献的人，进行这样的工作，也自有其意义，这也是了解我们民族的历史所不可缺少的。

我在上面从六个方面谈了书院在今天的意义。当然不会限于这几个方面，我不过目前只想到这些而已。归纳起来，我们这样说，在中国流行了1000年的书院这种古老形式，在今天还有其意义。我们完全可以取其精华，去其糟粕，利用这个形式，加入新的内容，使它为我们的社会主义建设服务。

1988年6月24日写完

我看北大

也许是出于一种偶合,北大几乎与20世纪同寿。在过去100年中,时间斗换星移,世事沧海桑田,在中国产生了天翻地覆的变化,而北大在人事和制度方面也随顺时势,不得不变。然而,我认为,其中却有不变者在,即北大对中国文化所必须负的责任。

古人常说,某某人一身系天下安危。陈寅恪先生《挽王静安先生》诗中有一句话:"文化神州丧一身。"而我却想说:北大一校系中国文化的安危与断续。我并不是否认其他大学也同样对中国文化的传承起了作用;但是其间有历史长短的问题,有作用断续的问题,与夫所处地位不同的问题。这些都是活生生的事实,想能获得广大教育界同仁的共识,并非我一个人老王卖瓜,信口开河。

我所谓"文化"是最广义的文化,精神和物质两个方面都包括在里面。但是狭义的文化,据一般人的理解,则往往只限于与中文、历史、哲学三个系所涵盖的范围有关的东西。而在北大过去100年的历史上,这三个系,尽管名称有过改变,始终是北大的重点。从第一任校长严复开始,中经蔡元培、胡适、傅斯年(代校长)、汤用彤(校委会主席),等等,都与这三个系有关。至于在过去100年中,这三个系的教授,得大名有大影响的人物,灿如列星,不可胜数,五四运动时期是一个高潮。这个运动在中国文化学术界思想界甚至政界所起的影响,深远广被,是无论怎样评价也不为高的。如果没有五四运动,我们真不能想象今天中国的文化和教育会是一个什么样子。

中华民族是一个伟大的民族。我们有5000多年的历史文化传统,而又从没有中断过,这在世界上是独一无二的。我们又是一个毫不吝啬的民族,我们的四大或者更多的大发明,传出了中国,传遍了世界,促进了人类社会的进步,推动了人类文化的发展,为全球人民谋了极大的福利,功不可没。

可惜的是,自从西方工业革命开始时起,欧风东渐,我们中国逐渐沦为半封建半殖民地社会,昔日雄风,悄然匿迹,说实话,说是"可惜",是我措辞不当。我在最近几年曾反复强调"三十年河东,三十年河西"之说。激烈反对者有人,衷心赞同亦有之。我则深信不疑。欧洲东渐,东西盛衰易位,正是符合这个规律的,用不着什么"可惜"。

到了现在,"天之骄子"西方人所创造的文化,其弊端已日益显露。现在全世界的人民和政府都狂呼要"保护环境",试问环境之所以需要保护,其罪魁祸首是什么人呢?难道还不是西方处理人与大自然的关系不当,视大自然为要"征服"的敌人这种想法和做法在作祟吗?

我们绝不想否定西方近几百年来对人类生活福利所做的贡献,那样做是不对的。但我们也绝不能对西方文化所造成的弊端视而不见。"西方不亮东方亮",连西方的有识人士也已觉悟到,西方文化已陷入困境,唯一的挽救办法就是乞灵于东方,英国大历史学家汤因比就是其中一人。

我们东方,首先是中国,在处理人与大自然的关系方面,是比较聪明的。至少在理论上是这样,在行动上我们同西方差别不大。我们有一种"天人合一"的理想,自先秦起就有,而且不限于一家,其后绵延未断。宋朝大哲学家张载有两句话,说得最扼要,最准确:"民,吾同胞;物,吾与也。""与"的意思是伙伴,"物"包括动物和植物。我们的生活来源都取之于大自然,而我们不把大自然看作敌人,而看作朋友。将来全世界的人都必须这样做,然后西方文化所产生的那些弊端才能逐渐克服。否则,说一句危言耸听的话,我们人类前途将出现大灾难,甚至于无法生存下去。

前几年,我们中国学术界提出了一个口号:弘扬中华民族优秀文化。这口号提得正确,提得及时,立即得到了全国的响应。所谓"弘扬",我觉得,有两方面的意义:一个是在国内弘扬,一个是向国外弘扬。二者不能偏废。在国内弘扬，其意义之重要尽人皆知。我们常讲"有中国特色的"，这"特色"无法表现在科技上。即使我们的科技占世界首位，同其他国家相比，也只能是量的差别，无所谓"特色"。"特色"只能表现在文化上。这个浅近的道理，一想就能明白。在文化方面，我们中华民族除了上面所说的"天人合一"的思想以外，几乎是处处有特色。我们的语言，我们的书法，我们的绘画，我们的音乐，我们的饮食，我们的社会风习，我们的文学创作，等等，等等，哪个地方没有特色呢？这个道理也是极浅的，一看就能明白，这些都属于广义的文化，对内我们要弘扬的。

除了对国内弘扬，我们还有对国外弘扬的责任和义务。我在上面已经谈到，在文化的给予方面，我们中华民族从来是不吝惜的。现在国外那一些懵懵懂懂的"天之骄子"们，还在自我欣赏。我们过去曾实行鲁迅所说的"拿来主义"，拿来了许多外国的好东西，今后我们还将继续去拿。但是，为了世界人类的幸福和前途，不管这些"天之骄子"们愿意不愿意来拿我们中国的好东西，我们都要想方设法实行"送去主义"，我们要"送货上门"。我相信，有朝一日他们会觉悟过来而由衷地感谢我们的。

写到这里，我们再回头看我在本文一开头就提到的北大与中国文化的关系，以及北大对中国文化所负的责任。如果我说"文化神州系一校",这似乎有点夸大。其他大学也在不同程度上有这种责任。但是其中最突出者仍然是非北大莫属。如果连这一点都不承认,那不是实事求是的态度。北大上承几千年来太学与国子监的衣钵,师生向"以天下为己任",在文化和政治方面一向敢于冲锋陷阵。这一点恐怕是大家不得不承认的。今天,在对内弘扬和对外弘扬方面,责任落在所有大学的人文社会科学学术教育机构,以及教员和学生的肩上。北大以其过去的传统,更应当是当仁不让,首当其冲,勇往直前,义无反顾。

专就北大本身来讲,中文、历史、哲学三系更是任重道远,责无旁贷。我希望而且也相信,这三个系的师生能意识到自己肩头上的重担。陈寅恪先生的诗曰"吾侪所学关天意",可以移来相赠。我希望国家教委和北大党政领导在待遇方面多向这三个系倾斜一些,平均主义不是办学的最好方针。我的意思并不是说,在北大只有这三个系有责,其他各系都可以袖手旁观。否,否,我绝无此意。弘扬、传承文化是大家共有的责任。而且学科与学科间的界限越来越变得不泾渭分明,你中有我,我中有你,这现象越来越显明。其他文科各系,甚至理科各系,都是有责任的。其他各大学以及科学研究机构,也都是有责任的。唯愿我们能众志成城,共襄盛举。振文化之天声,播福祉于寰宇,跂予望之矣。

1997年12月12日

我和北大

北大创建于1898年,到明年整整100年了,称之为"与世纪同龄",是当之无愧的。我生于1911年,小北大13岁,到明年也达到87岁高龄,称我为"世纪老人",虽不中不远矣。说到我和北大的关系,在我活在世界上的87年中,竟有51年是在北大度过的,称我为"老北大"是再恰当不过的。由于自然规律的作用,在现在的北大中,像我这样的"老北大",已寥若晨星了。

在北大五十余年中,我走过的并不是一条阳关大道。有光风霁月,也有阴霾蔽天;有"山重水复疑无路",也有"柳暗花明又一村",而后者远远超过前者。这多一半是人为地造成的,并不能怨天尤人。在这里,我同普天下的老百姓,特别是其中的知识分子,是同呼吸、共命运的,大家彼此彼此,我并没有多少怨气,也不应该有怨气。不管怎样,不知道有什么无形的力量,把我同北大紧紧缚在一起,不管我在北大经历过多少艰难困苦,甚至一度曾走到死亡的边缘上,我仍然认为我这一生是幸福的。一个人只有一次生命,我不相信什么轮回转生。在我这仅有的可贵的一生中，从"春风得意马蹄疾"的少不更事的青年，一直到"高堂明镜悲白发"的耄耋之年，我从未离开过北大。追忆我的一生，怡悦之感，油然而生，"虽九死其犹未悔"。

有人会问："你为什么会有这样的感觉呢？"这个问题是我必须答复的。

记得前几年，北大曾召开过几次座谈会，探讨的问题是，北大的传统究竟是什么？参加者很踊跃，发言也颇热烈。大家的意见不尽一致，这是很自然的现象。我个人始终认为，北大的优良传统是根深蒂固的爱国主义。有人主张，北大的优良传统是革命。其实真正的革命还不是为了爱国？不爱国，革命干吗呢？历史上那种"你方唱罢我登场"的"以暴易暴"的改朝换代，应该排除在"革命"之外。

讲到爱国主义，我想多说上几句。现在有人一看到"爱国主义"，就认为是好事，一律予以肯定。其实，倘若仔细分析起来，世上有两类性质截然不同的爱国主义。被压迫、被迫害、被屠杀的国家或人民的爱国主义是正义的爱国主义，而压迫人、迫害人、屠杀人的国家或人民的"爱国主义"则是邪恶的"爱国主义"，其实质是"害国主义"。远的例子不用举了，只举现代的德国的法西斯和日本的军国主义侵略者，就足够了。当年他们把"爱国主义"喊得震天响，这不是"害国主义"又是什么呢？

而中国从历史一直到现在的爱国主义则无疑是正义的爱国主义。我们虽是泱泱大国,那些皇帝们也曾以"天子"自命而沾沾自喜。实际上从先秦时代起,中国的"边患"就连绵未断。一直到今天,我们也不能说,我们毫无"边患"了,可以高枕无忧了。我们绝不能说,中国在历史上没有侵略过别的国家或民族。但是历史事实是,绝大多数时间,我们是处在被侵略的状态中。我们有多少"金龙天子"被围困,甚至被俘虏;我们有多少人民被屠杀,都有史迹可考。在这样的情况下,我们中国在历史上出的伟大的爱国者之多,为世界上任何国家所不及。汉代的苏武,宋代的岳飞和文天祥,明代的戚继光,清代的林则徐等等,至今仍为全国人民所崇拜。至于戴有"爱国诗人"桂冠的则更不计其数。难道说中国人的诞生基因中就含有爱国基因吗?那样说是形而上学,是绝对荒唐的。唯物主义者主张存在决定意识。我们祖国几千年的历史这个存在,决定了我们的爱国主义。

现在在少数学者中有一种议论说,在中国历史上只有内战,没有外敌侵入,日本、英国等的"八国联军"是例外。而当年的匈奴、突厥、辽、金、蒙、满等族的行动,只是内战,因为这些民族今天都已纳入中华民族大家庭中了。这种说法,我实在不敢苟同。这是把古代史现代化,没有正视当时的历史事实。而且事实上那些民族也并没有都纳入中华民族的大家庭中,一个显著的例子就摆在眼前：蒙古人民共和国赫然存在，你怎么解释呢？如果这种论调被认为是正确的话，中国历史上就根本没有爱国者，只有内战牺牲者。西湖的岳庙，遍布全国许多城市的文丞相祠，为了"民族团结"都应当立即拆掉。这岂不是天下最荒唐的事情！连汉族以外的一些人也不会同意的。我认为，我们今天全国56个民族确实团结成了一个中华民族的大家庭，这是空前未有的，这应该归功于中国共产党，归功于我们全体人民。为了建设我们的伟大祖国，我们全国各族人民，都应当像爱护自己的眼球一样，维护我们的安定，维护我们的团结，任何分裂的行动都将冒天下之大不韪。我们都应该向前看，不应当向后看，不应当再抓住历史上的老账不放。

这话说得有点远了；但是，既要讲爱国主义，这些问题都必须弄清楚的。

现在回头来再谈北大与爱国主义。在古代，几乎在所有的国家中，传承文化的责任都落在知识分子肩上。不管工农的贡献多么大；但是传承文化却不是他们所能为。如果硬要这样说，那不是实事求是的态度。传承文化的人的身份和称呼，因国而异。在欧洲中世纪，传承者多半是身着黑色长袍的神父，传承的地方是在教堂中。后来大学兴起，才接过了一些传承的责任。在印度古代，文化传承者是婆罗门，他们高居四姓之首。东方一些佛教国家，古代文化的传承者是穿披黄色袈裟的佛教僧侣，传承地点是在寺庙里。中国古代文化的传承者是"士"。士、农、工、商是社会上主要阶层，而士则同印度的婆罗门一样高居首位。传承的地方是太学、国子监和官办以及私人创办的书院，婆罗门和士的地位，都是他们自定的。这是不是有点过于狂妄自大呢？可能有的；但是，我认为，并不全是这样，而是由客观形势所决定的，不这样也是不行的。

婆罗门、神父、士等等都是知识分子，他们的本钱就是知识，而文化与知识又是分不开的。在世界各国文化传承者中，中国的士有其鲜明的特点。早在先秦，《论语》中就说过："士不可以不弘毅，任重而道远。"士们俨然以天下为己任，天下安危系于一身。在几千年的历史上，中国知识分子的这个传统一直没变，后来发展成"天下兴亡，匹夫有责"。后来又继续发展，一直到了现代，始终未变。

不管历代注疏家怎样解释"弘毅"，怎样解释"任重道远"，我个人认为，中国知识分子所传承的文化中，其精髓有两个鲜明的特点，一个是我在上面详细论证的爱国主义，一个就是讲骨气，讲气节，换句话说也就是在帝王将相的非正义的行为面前不低头；另一方面，在外敌的斧钺前面不低头，"威武不能屈"。苏武和文天祥等等一大批优秀人物就是例证。这样一来，这两个特点实又有非常密切的联系了，其关键还是爱国主义。

如果我们改一个计算办法的话，那么，北大的历史就不是一百年，而是几千年。因为，北大最初的名称是京师大学堂，而京师大学堂的前身则是国子监。国子监是旧时代中国的最高学府，已有一千多年的历史，其前身又是太学，则历史更长了。从最古的太学起，中经国子监，一直到近代的大学，学生都有以天下为己任的抱负，这也是存在决定意识这个规律造成的。与其他国家的大学不太一样，在中国这样的大学中，首当其冲的是北京大学。在近代史上，历次反抗邪恶势力的运动，几乎都是从北大开始。这是历史事实，谁也否认不掉的。五四运动是其中最著名的一次。虽然名义上是提倡科学与民主，骨子里仍然是一场爱国运动。提倡科学与民主只能是手段，其目的仍然是振兴中华，这不是爱国运动又是什么呢？

我在北大这样一所肩负着传承中华民族的优秀文化的、背后有悠久的爱国主义传统的学府，真正是如鱼得水，认为这才真正是我安身立命之地。我曾在一篇文章写过，我身上的优点不多，唯爱国不敢后人。即使我将来变成了灰，我的每一灰粒也都会是爱国的。这是我的肺腑之言。以我这样一个怀有深沉的爱国思想的人，竟能在有悠久爱国主义传统的北大几乎度过了我的一生，我除了有幸福之感外，还有什么呢？还能何所求呢？

1997年12月13日

我对未来教育的几点希望

教育为立国之本,这是中国两千多年来的历代王朝都执行的根本大法。在封建社会,帝王的所作所为,无一不是为了巩固统治,教育亦然。然而,动机与效果往往不能完全统一。不管他们的动机如何,效果却是为我们国家培养了一批批人才,使我国优秀文化传承几千年而未中断。

今天,时移世迁,已经换了人间。教育为立国之本的思想,深入人心。我们政府提出了科教兴国的方针,受到了全国人民的热烈拥护。把教育的重要性提高到兴国的高度,可以说前承千年传统,后开万世太平。特别是在今天知识经济正在勃然兴起的大时代中,教育更有其独特的意义。知识经济以智力开发、知识创新为第一要素,不大力振兴教育,焉能达到这个宏伟的目标?但是,我要讲一句实话,我们的振兴教育,谈论多于行动。别的例子先不举,只举一个教育经费在国民总收入中所占的百分比之低,就很清楚了。我们教育所占的百分比,不但低于发达国家,在发展中国家中也是比较低的。这让很多人难以理解。我们国家正在努力建设，用钱的地方很多，这一点谁都理解，没有人想苛求；但是，既然把教育的重要性提高到那样的高度，教育经费却又不提高，报纸上再三辩解，实难令人信服。现在，据我了解所及，全国各类学校经费来源十分庞杂，贫富不均的程度颇为严重。大学的党委书记和校长，主要任务是"找钱"，连系主任的主要任务也是"创收"。如果创入不力或不利，奖金发不出去，全系教员就很难团结好。学校的根本任务是教学和科研，是出人才，出成果。现在却舍本而逐末，这样办教育，欲求兴国，盖亦难矣。因此，我对未来教育的第一个希望就是切切实实地增加教育经费。

我的第二个希望是重视大、中、小学生的人文素质教育和伦理道德教育。现在我们中华民族的一般道德水平，实不能尽如人意。年轻的学生在这个大气候下，思想水平也不够高。他们对世界，对人生的看法，在像我这样的思想保守的老顽固眼中，有时实在难以理解。现在，全世界正处在一个巨大转变中，每个人都会受到影响的，特别是青年人，他们敏感易变，受的影响更大。日本据说有一个新名词"新人类"，可见青老代沟之深。中国也差不多。我在中外大学里待了一辈子；可是对眼前中国大学生的思想、情感等等，却越来越感到陌生。他们的一些想法和做法，有时候让我目瞪口呆。在我眼中，有些青年人也仿佛成了"新人类"了。

救之之法，除了教育以外，实在也难想出别的花招。根据我的了解，现在大学里的思想教育课，很难说是成功的。一上政治课，师生两苦，教员讲起来乏味，学生听起来无味。长此以往，不知伊于胡底！

我个人认为，抓学生思想教育，应该从小学抓起。回想我当年上小学时，有两门课很感兴趣，一门叫做公民或者修身，一门叫做乡土。后一门专讲本地的山川、人物、风土、人情。近在眼前，学生听起来有趣又愿听。讲爱国从爱乡开始，是一个好办法。

至于公民这一门课，则讲的都是极简单的处世做人的道理，比如热爱祖国，孝顺父母，尊敬老师，和睦同学；讲真话，不说谎话；干好事，不做坏事；讲公德，不能自私；帮助别人，不坑害别人；要谦虚，不能骄傲，等等，等等，都是些平常的伦理规范。听说现在教小学生也先讲唯心与唯物，存在与意识，物质与精神，小学生莫名其妙，只能硬背。这能收到什么效果呢？显而易见，什么好效果也是收不到的。到了中学和大学，依然是这一套，结果就是我在上面说到的师生两难。现在全国都在谈要重视学生的素质教育，足见这个问题已经引起了广泛的注意。这无疑是一个好现象。但是，我总觉得，空谈无补于实际，当务之急是采取适当的行动，才能走出目前的困境。

我对未来教育的希望，当然不止这两点。但限于目前的时间，我只能先提出这两点来，供有关人士，特别是政府主管教育的部门参考，一得之愚，也许还有可取之处吧。

1999年2月21日